한국인의 효

III 새 시대의 어른존경

한국인의 효

III 새 시대의 어른존경

● **성규탁** 지음

이담
Books

Filial Piety of Koreans III

Respect for the Elderly: New Expressions

Ideal-Practice-Welfare

Kyu-taik Sung, Ph.D

Korean Studies Information Company, Ltd.

Republic of Korea

[이념 – 실천 – 복지]

고령자들과 연소자들이

서로 존중하며

인간애에 찬 호혜적 관계를

발전시켜 나가기를

갈망하면서

이 책을 펴낸다.

[머리말]

근년에 들어 젊은 사람들의 노인에 대한 태도와 행위에 대해서 비판하는 사람들이 많다. 어른에 대한 존경심이 부족하다는 것이다.

사실 젊은 사람들의 어른에 대한 태도를 비판하는 소리는 인류 역사상 매우 오래전부터 있어 왔다. 고대(2,400여 년 전) 그리스의 철학자 아리스토텔레스는 요사이 젊은이는 어른에게 공손치 않으니 어른을 존경토록 그들을 교육시켜야 한다고 걱정했다. 동양의 공자(2,500여 년 전)도 어른 존경이 부족한 데 대해 걱정했다. 즉 "요사이 자녀들은 부모에게 먹는 것만 주면 된다고 생각하는 것 같다. 그러나 말과 소에게도 먹을 것을 주지 않는가. 부모를 존경치 않는다면 말과 소와 부모 사이에 다른 점이 무엇이겠는가?" 하며 제자들을 깨우쳤다.

그런데 우리가 알아두어야 할 사실은 존경은 단순히 어른에게 순종하는 데 그치지 않고 어른에게 제공되는 도움과 지원의 질과 양에까지 직접적인 영향을 미친다는 사실이다. 따라서 어른 존경은 노인들의 복리를 증진하기 위한 매우 중요한 요인이다.

지금까지 효에 관한 체계적인 연구가 없었듯이 어른 존경에 대해서도 일반적으로 추상적 논의를 하는 데 그쳐 존경의 뜻과 표현방법을 구체적이고 세분되게 다루지를 못했다.

제1권에서 효의 개념과 실천하는 방법을 구체적으로 세분해서 제시한 바 있다. 이들 표현방법 중에서 어른 존경이 으뜸가는 방법으로 나타났다.

이 제3권에서는 경험적 조사방법을 사용하여 현대 한국인들이 어른을 존경하는 사회적 의미와 이를 실천하는 구체적 방법을 체계적으로 탐사하였다.

이 연구에서 발견한 어른 존경 방법과 실천 행위를 통해서 오늘날 한국의 문화적 맥락에서 어른을 존경한다는 것이 무엇을 뜻하며 존경을 하려면 어떠한 행위를 해야 되는가를 이해할 수 있을 것이다.

새 시대를 맞아 효를 행하는 방식이 달라지고 있는 것과 같이 어른 존경 방식도 역시 수정되고 있나. 젊은 세대는 새로운 생활환경, 새로운 생활 스타일에 알맞은 어른 존경의 표현을 찾아 이를 일상생활에 적용하고 있는 것이다.

저자의 조사에 의하면 젊은 사람들의 대부분은 아직도 부모와 어른을 존경하고 있다. 다만, 그들이 어른 존경을 표현하는 방법이 수정되고 있는 것이다.

이 책에서 논의하는 내용이 앞으로 새 시대의 어른 존경의 실천

을 위해 참고가 되고 또 새로운 생활환경에 어울리는 어른 존경 방
법을 연구 개발하는 데 도움이 되기를 바란다.

2010년 정초
효문화연구소
Elder — Respect, Inc.
성 규 탁

[목차]

1장

새 시대의 어른 존경

동아시아의 한국, 중국 및 일본은 여러 세대에 걸쳐 효(孝)의 전통을 간직해 왔다. 우리의 이 문화적 전통에 대해 서양 사람들은 커다란 관심을 가지고 있다. 그들이 관심을 가지는 이유는 효가 동아시아 사람들을 자동적으로 노인을 존중하고 노인을 의무적으로 부양하며 노인을 가족과 사회에 통합하게 하는 힘이 되고 있기 때문이다(Streib, 1987; Ikels, 2004; Sung & Dunkle, 2009).

부모와 어른을 존중하는 사회적 가치는 효의 이념과 직결된다. 효는 한국인의 부모에 대한 태도와 행위의 도덕적 적합성을 판정하는 기준이 되어 왔다. 그리고 부모와 노인에게 제공해야 할 서비스를 개발하고 노인을 위한 국가정책을 수립하는 데 음으로 양으로 영향을 끼치고 있다.

산업화로 발전된 기술사회는 생산방법을 바꾸었을 뿐만 아니라 우리의 생활양식과 가치체계까지도 변화시키고 있다. 이러한 변화는 부모 부양과 관련된 우리의 가치와 규범에 대해서까지 도전을 가하고 있다. 이 도전의 핵심적 차원은 부모와 어른에 대한 존경 — 보살핌과 지원 — 이 줄어들고 있어 이에 대한 해결안을 모색하는 과제를 우리에게 안겨주는 것이다.

핵가족 수의 증가, 다세대 가족의 감소, 근로여성 수의 증가, 확산되는 젊은이의 거주지 이동, 이별 및 이혼을 하는 부부의 증가, 출산율의 급격한 저하 등 일련의 변동은 가족구조와 가족성원들 간의 관계를 뒤바꾸고 있으며 더욱이 노인을 위한 가족의 지원능력을 약화시키고 있다. 산업화는 우리에게 풍요한 생활을 가져다주기는 했지만 가족과 노인 사이의 관계를 소원하게 하는 충격적인 사회현상을 조성하고 있다.

이 충격은 도시에서뿐만 아니라 농촌에서도 드러나 보인다. 구체적으로 노부모들은 성인 자녀와 떨어져 살고 여성들의 직장 진출로 충분한 부양을 못 받고 주택난 및 교통난으로 자녀와 접촉하는 빈도가 낮아지고 경제적으로 어려워지고 친족 및 사회로부터 소외되는 등 일련의 노인문제들이 속출하여 장기화되고 있다. 이러한 일련의 문제들은 그 규모와 어려움에 있어 우리 겨레가 일찍이 경험해 본 일이 없는 것들이다.

이런 문제들과 겹쳐 생명이 연장되고 노인인구는 증가하는데 부양할 가족원 수는 줄고 노인의 의료 및 사회 서비스 욕구가 급증함에 따라 노약한 부모를 위한 보살핌과 지원은 가족과 사회의 커다란 부담으로 되어 가고 있다.

인류역사에서 흔히 예증되었듯이 인간의 감정은 변덕스러운 것이다. 노인을 존경하지 않은 사례들이 과거 어느 때에는 많이 발생했던 것 같다. 노인을 부양하는 부담이 가중되고 부양을 위한 자원이 감소될 경우 노인을 학대하거나 비인간적으로 대하지 않을 것이라고 장담하기 어렵다. 따라서 부모 부양을 도의적이고 윤리적인 시각에서 재음미하여 부모자녀 관계, 나아가 세대 간의 도덕성을 재정립할 필요가 있다. 이를 위해 노인을 존경치 않는 사태를 예방하려는 국가사회적 노력이 있어야 함은 말할 나위도 없다.

문명화된 사회에서는 어김없이 노인을 존중해야 하며 결코 소외, 격리해서 저버리거나, 심지어는 고려시대에 있었다는 '고려장'(늙은 부모를 굴을 파고 먹을 것을 넣어주고는 굴의 입구를 막았다는 전설), 일본에서 옛날에 있었다는 '오바스때'(늙은 부모를 산에 업고 가 버렸다는 전설), 또 고대 중국에서 노부모를 업고 동리 바깥의 광야에 버렸다는 '기로국'(노인을 버린 나라)에서 행한 비인간적이고 야만적인 짓이 있어서는 안 된다.

이 책에서 다루어질 기본적 과제는 노부모와 어른에 대해 자녀와 젊은 사람들이 해야 할 부모/어른 존경이다. 다음 장들에서 논의하지만 존경은 보살핌과 지원 또는 서비스와 같은 뜻을 내포하고 있다. 따라서 어른을 보살피고 지원한다는 것은 곧 어른을 존경하는 것과 같은 뜻으로 해석된다. 이런 점에서 존경은 매우 중요하다. 인생의 말기에 들어 자기가 낳아 키운 자녀로부터 존경(보살핌과 지원)을 받으면서 생을 마친다는 것은 음식, 주택, 의복 못지않게 노인들에게는 중요한 것이다.

부모가 자녀를 양육하고 지원하는 데 바친 노력과 희생에 대하여 성인 자녀는 부모에게 어떠한 방식으로 존경을 하며 어떤 행동으로 존경을 표시하고 있는가? 현대 한국인들이 실천하는 부모와 어른에 대한 존경은 과연 어떤 것인가? [이 책에서는 부모와 어른에 대한 존경을 '어른 존경'이라고 함.] 그리고 앞으로 시대가 변함에 따라 어른 존경의 관습이 어떻게 달라져 갈 것인가? 이러한 질문들은 우리 사회 전체가 관심을 가져야 할 과제들이 아닐 수 없다.

| 어른 존경: 보살핌과 부양

우리는 효 이념에 따라 부모와 어른을 존중하는 전통을 간직해 온 민족이다. 같은 언어와 문화적 유산을 이어받고 인종적으로도 동질적이며 오랜 역사를 통하여 전쟁과 재해를 함께 극복하면서 하나의 운명공동체를 형성해 온 민족이다(신용하, 2004). 효의 가치와 관행은 오늘날의 고도로 발전된 교통통신수단과 함께 노인을 지원하고 가족과 사회에 통합시키는 데 유리한 조건을 마련해 주고 있다.

효의 가치를 보존, 권장하기 위한 사회적 노력을 정부와 민간이 합동해서 하고 있다. 노인을 존경하기 위한 경로운동, 노인을 위한 보건의료서비스 및 사회서비스 제공, 노인복지법의 제정, 효행상 제도의 운영 등은 이러한 사회적 노력을 나타내는 것이다.

역사적으로 한국인을 포함한 동아시아 민족들은 유교의 영향하에 생활해 나와 효와 관련된 가치는 이들의 의식과 관행에서 뚜렷이 나타나고 있다(유승국, 1995; Li & Dong, 2003; Takahashi, 1995). 그리하여 산업화가 고도로 진행된 일본에서도 노인복지법을 제정하고, 경로일을 설정하여 다양한 노인복지 사업을 개발, 운영

하는 등 노인을 존경하는 사회적 분위기가 과거보다는 저조한 편이나 의식적으로 조성하고 있다(Palmore & Maeda, 1985; De Vos, 1988; Ikels, 2004: 182 – 197). 중국에서는 근래 부모와 어른을 존중하고 가족이 상호 부조하는 관습을 권장하며 중국 본래의 문화적 전통을 국가적으로 강조하고 있다(Du, 2009; 王文亮, 2001: 62 – 71). 그리하여 중국을 연구하는 학자들은 사회주의 체제하에서도 전통적인 부모자녀 관계에 뚜렷한 변화가 없다고 한다(Streib, 1987; Chow, 1991; Leung, 1997; Tang & Parish, 2000).

우리는 중국에서와 같이 사회주의 체제로부터 가족의 변화(문화혁명 때와 그 이전 시기와 같이)를 강요당한 일이 없었으며 일본의 경우와 같이 고도의 산업화와 사회보장제도의 급속한 발전으로 인한 심각한 사회적 변화(예: 가족원 부양에 대한 책임 저하)를 경험하지도 않았다. 이들 이웃나라들과 비교하여 볼 때 우리는 효와 관련된 전통적 가치를 보존하는 데 있어 두 나라의 중간에 위치해 있었다고 해도 될 것 같다(Sorensen & Kim, 2004; De Vos, 1988: 392).

동아시아 나라들에서 산업화로 인하여 사회적 변동이 일어나고 있지만 이들 나라에서 효에 뿌리를 둔 도덕적이고 윤리적 가치와 규범이 사라졌다는 연구자료는 아직까지 나오지 않고 있다. 동아시아 나라들의 문화연구의 대가인 De Vos(1988)는 다음과 같이 전통문화의 끈질긴 영향에 대해 논하였다.

"한국, 중국, 일본의 시민들이 사회적 역할을 수행하고 대인관계를 다스려 나가는 것을 보면 유교적인 문화유산으로부터 받는 영향이 표출되고 있음을 알 수 있다. 특히 연장자에 대한 존경과 은혜보답을 중요시하는 데서 그러하다."

오히려 동아시아의 가족들은 주변에서 일어나는 역동적 변화에 대처해서 기존가치를 보존하면서 효를 표현하는 태도와 실천하는 방식을 새로운 시대에 맞게 수정해 나가고 있는 것으로 보인다.

이러한 현상은 '문화적 지연 현상(Bloom & Selznick, 1968: 638)' 또는 '문화적 저항'이라고도 볼 수 있다. 즉 산업화와 도시화에 따른 가족과 사회의 구조적 변화의 속도에 비례해서 어른을 존경하는 기능이 그렇게 빨리 변하지 않고 있는 것이다. 이렇게 느리게 변하는 양상을 보아 한국을 비롯한 동아시아의 가족들은 상당 기간 서양의 가족들과는 달리 어른을 보살피고 지원하는 관습을 유지해 나갈 수 있을 것으로 내다본다.

서양 사람들의 심한 개인주의, 경쟁성향, 자기중심적 자세 등의 특성은 우리의 경우와 다르다. 우리는 행동이나 의사결정을 하는 데 있어 가족 중심적이고 집합적이며 다른 사람들과의 관계를 염두에 두면서 사회적 규범을 지킨다. 이러한 문화적 차이는 부모와 어른을 존경하는 데서도 나타나고 있다.

노인복지 전문가들은 현대 한국 사회가 희구하는 가치를 규명하는 데 관심이 모이고 있다. 특히 효의 재규정이 하나의 중요한 사회적 과제로 등장하였고 이 중에서도 노인과 어른에 대한 존경이 중심적인 관심사로 대두되었다.

| 어른 존경의 내용

어른에 대한 태도와 행동은 여러 세대에 걸쳐 전해 오는 문화적 전통으로부터 크게 영향을 받는다. 따라서 과거의 전통과 연결되는 현재의 어른 존경이 어떠한 의미를 가지며 어떠한 방식으로 실천되고 있는가에 대한 구체적이며 체계적인 분석이 있어야 하겠다.

어른을 존경한다는 것은 어른을 정서적 및 물질적으로 마음속에서, 그리고 행동으로서 존경함을 뜻한다. 즉 존경은 어른을 신체적으로 보살피고 지원하는 면과 정서적으로 보살피는 두 가지 뜻을 내포하고 있다(Qureshi & Walker, 1990; Sung & Dunkle, 2009). 전자를 '*수단적*'(instrumental) 존경이라 하고 후자를 '*정서적*'(affective) 존경이라고 할 수 있다. 수단적 존경은 그 표현을 눈으로 볼 수 있고 그 횟수나 수량을 셀 수 있어 양적인 존경이라고도 할 수 있고 정서적 존경은 눈으로 볼 수 없는 사람의 내면적이고 감정적 또는 정서적인 것으로서 질적인 존경이라고 할 수 있다.

자녀는 수단적 존경과 정서적 존경을 다 같이 제공함이 바람직하다. 어느 한 가지 유형의 존경만을 제공한다면 대개의 경우 노부모가 기대하는 바를 모두 충족하기가 어려울 것이다.

오늘날 물질적 존경이 중요하다 하여 부모에게 용돈, 식사, 의복, 교통편만 제공하면 된다는 태도를 가지는 자녀가 흔히 있다. 그러나 이러한 수단적 또는 물질적 존경과 병행해서 정서적 지원 내지 질적 부양도 노부모에게 제공해야 한다. 부유해진 우리 사회의 많은 노부모들은 의식주 문제는 거의가 해결하고 있으나 정서적이고 질적인 존경을 갈망하고 있는 실정이다.

구체적으로 자녀가 부모를 존중한다는 것은 노령의 부모를 재정적, 물질적으로 지원함은 물론, 와병 중일 때 간호하고, 따뜻한 거처를 마련해 드리고, 고독과 무료함을 들어드리고, 충고와 가르침을 받아들이고, 부모와 함께 시간을 가지고, 즐거움이나 어려움을 함께 나누고, 위안을 하고, 동정을 하고, 보살피며 지원해 드리고, 항상 관심을 가지는 것이다.

| 어른 존경과 시대적 변화

우리 사회를 조심스럽게 들여다보면 전통적 부모 부양의 이념과 관행을 유지하려는 노력과 이를 변경하려는 움직임이 동시에 진행되는 전환기적 소용돌이가 작용하고 있음을 알 수 있다. 이러한 상충하는 움직임은 연령을 달리하는 세대들 사이의 가치관의 차이에서도 오는 것 같다. 연령층에 따라 어른에 대한 시각, 태도 및 행위가 다르고 표현하는 방식도 달라지는 것이다.

인류사회에서는 세대가 바뀜에 따라 신세대는 생리적으로나 사회적으로 변화를 가지고 온다. 신세대 사람들은 전통적인 문화적 환경의 영향을 받지만 새로운 사회환경에서 자라나면서 전통과 기존 가치와 다른 시각과 의식을 갖게 되어 현 사회의 질서를 배척하려는 성향이 있다.

한편 부모와 자녀, 즉 구세대와 신세대 간에는 유전학적, 사회학적인 유사성이 있어 생리적, 사회적 지속성이 유지되고 있다. 따라서 세대가 달라지고 사회 환경이 변하지만 구세대의 전통 또는 타성은 쉽게 없어지지 않으면서 지속된다. 구세대는 전통을 고수하며 안정된 사회질서를 유지시키려는 사회적, 집단적 노력을 한다. 그렇기 때문에 부모 부양에 있어서도 세대 간의 관계를 중심으로 사회질서의 지속과 변화와 연계해서 생각해 보아야 하겠다.

부모 부양에 대한 젊은 세대들의 시각과 가치는 앞으로 노인복지 증진에 커다란 영향을 끼칠 수 있다. 이들의 가치관 여하에 따라 우리 사회가 노인복지를 위해 투입할 자원의 양과 서비스의 종류 및 질이 달라질 수 있기 때문이다.

이러한 점을 감안하여 이 책에서는 젊은 연령층의 어른 존경에 대한 경험적 조사를 행하여 현재 한국인들이 어른 존경을 실천하고 있는 실태를 알아보고, 나아가 장래 어른 존경에 대해 가질 가치와 행위의 실마리를 잡아 보려고 시도하였다.

| 가족의 역할

부모를 보살피고 존중하는 관습은 가족을 중심으로 실행되어 왔는데 앞으로도 가족이 변하고는 있지만 상당한 기간에 걸쳐 이 관습을 실천하는 중심이 되어 갈 것으로 보인다.

경제구조의 변화와 서양문물의 유입에도 불구하고 한국인의 가족의식은 쉽게 변하지 않고 있다. 가족은 핵가족의 형태로 변화하고 있지만 대다수 한국인들은 아직도 확대가족의 의식 속에서 생활하고 있다. 부분적으로 상호 의존하여 상부상조하는 친족 중심의 핵가족들의 연합으로 이루어진 느슨하나마 수정된 대가족 구조가 형성되어 기능을 하고 있다.

한국인의 전통적 가족체계의 바탕을 이루는 것은 집을 중심으로 하는 가족의식이라고 할 수 있다(신용하, 2004; 신용하, 장경섭, 1996; 이광규, 1990). 이 의식을 이념적으로 내재화하여 가족형태에 공통적 특징을 부여하는 것이 가족주의이다. 가족주의하에서는 가족성원들이 상호 의존하는 개체 충족적 집단을 이루고 있다(최재석, 1994; 김한초, 한남재, 최성재, 유인희, 1986). 가족은 운명공동체로서 혈연집단의 이익추구를 그 기본 성격으로 하며 광범위한 상호 부조적 친족관계를 유지하고 있다.

그러나 유감스럽게도 노인을 위한 보호 부양기능을 수행하기 어려운 가족이 늘어나고 있다(Yoon 윤현숙 & Cha 차홍봉, 1999).

어떤 가족은 자체의 복지 기능을 발휘할 능력을 상실하여 이 기능의 일부 또는 전부를 국가와 사회가 대행토록 하고 있다. 그러나 약간의 사회복지 욕구를 충족하는 데도 막대한 국가자원이 소모된다. 어쨌든 현대국가는 가족 기능을 적절히 수행하지 못할 때는 가족성원의 사생활과 자결권을 침해치 않는 한도 내에서 가족에게 지지적 서비스를 제공해야 한다. 이 경우 국가는 재정적 제약으로 인해 필요 불가결한 서비스만을 제공하게 된다.

부모 부양은 가족을 중심으로 성원들이 하나의 화합되고 협동적인 단위를 이루면서 제공하는 서비스이며 효의 구현이다. 앞으로는 국가의 지지적 서비스가 보다 널리 이들 가족에게 제공되어야 하겠다. 그리고 우리는 가족의 역을 벗어나 상호 부조하는 공동체의식을 활성화하여 가족 이외 노인들도 보호 부양하는 방향으로 나가야 하겠다.

그렇지만 현재로는 대부분의 노인들을 국가가 아니라 가족이 효 이념을 바탕으로 하는 관습에 따라 보호 부양하고 있다. 과거에 비해서 보호 부양능력이 약화되었다고는 하지만 극소수의 가족들을 제외하고는 현대 한국 가족들이 노부모를 부양할 책임을 저버렸다는 증거는 없다.

한국인은 노부모를 부양하려는 의식이 다른 국민들에 비해 강하다. 가족을 중심으로 효와 관련된 가치를 받들고 있으며 노인을 존중하기 위한 각종 행사가 민간과 정부의 주체로 전국적으로 수시로 열리고 있고 산업사회로 변하는 과정이 이미 상당 기간 계속되었지만 부모와 동거하는 자녀 수가 다른 산업국가와 비교해 훨씬 더 많다는 사실 등은 이러한 점을 뒷받침해 주고 있다.

그러나 앞으로 사회변동이 계속되는 한, 가족은 계속 변해 갈 것이다. 그런데 가족주의적 성향과 개인주의적 성향 — 두 대조적인 성향 — 이 각기 앞으로 어느 정도로 강화되어 나갈 것인지? 혹시나 이 두 가지 성향이 한 성향으로 전환하지는 않을 것인지? 아니면 가족주의적 성향의 장점을 유지하면서도 가족원 개개인의 자주성과 인권을 존중하는 통합적인 방향을 따라갈 수는 없을지?

가족주의적 성향이 있으면 노부모를 존경하고 보호 부양하려는 동기와 의지가 더 강할 것이고, 나아가 가족원들이 서로 협동하여 노부모를 보호 부양하는 데 필요한 인적 및 물적 자원을 더 많이 확보해서 사용할 수 있을 것이다.

그러나 시대의 변화에 맞는 형은 두 가지 성향을 통합하는 형태가 될 것으로 본다.

| 가족 부양의 한계

가족이 독자적으로 병약한 노부모를 보호 부양하기가 어려워지고 있다. 성인 자녀는 이러한 가족의 부양능력의 한계를 고려하여 부모 부양 방식을 점차 수정해 나가는 경향을 보이고 있다. 가장 현저한 수정 방식의 한 예는 부모와 자녀가 떨어져 살면서 상호 부조하는 경우이다. 그러나 이러한 과정에서 노부모를 부양하는 정도가 저하되는 경향이며 상대적으로 국가의 노인을 위한 부양 역할이 점차 확대되고 있다. 그래서 외부로부터 부모 부양을 위한 지원을 받는 가족이 늘어나고 있다. 부모에게 존경 — 보살핌과 지원 — 을 표현하는 방법이 달라지고 있는 것이다. 이제는 외부의 지원을 받아 부모를 보살피고 지원하는 가족들이 많아진 것이다.

그런데 국가는 재정에 한계가 있고 사회보장제도가 개발도상이기 때문에 아직은 노인들이 필요로 하는 서비스를 충분히 제공하기가 어렵다. 사실 어느 사회에서나 공식적 체계만으로는 노인을 포함한 가족원의 욕구를 충족하지를 못한다. 여기에서 제2권에서 논의한 노인들을 위한 비공식적 지원망의 필요성이 대두된다.

| 노인을 부양할 책임

서양의 여러 나라들은 사회보장제도만으로 가족들의 복지를 보장하기가 어려움을 매우 절실하게 경험하고 있다. 그래서 이들 나라는 정책을 통해서 가족과 지역사회가 자기네들의 성원들을 보호 부양하는 자조적 기능을 강화할 것을 권장하고 있다.

사회보장제도가 아직 발전과정에 있는 한국에서도 가족의 자체 부양능력의 중요성이 이미 강조되어 오고 있다. 국가가 가족을 노인복지를 위한 대안으로 선택하는 데는 적어도 두 가지의 이유가 있다. 하나는 경제적인 것이고 다른 하나는 도덕적인 것이다.

어른을 존경하는 일 — 보살피고 부양하는 것 — 도 이와 같은 경제적, 물질적, 도덕적, 정신적 차원으로 나누어 고찰할 수 있다.

사람들의 생명이 연장됨으로써 인구의 노령화 현상이 일어나고 생명의 연장은 노인 부양의 부담을 증대하여 국가가 비상한 준비태세를 갖추지 않으면 안 된다는 점에서 심각한 재정문제가 되고 있다. 노인의 서비스 욕구가 증대함에 따라 이를 충족하기 위해 투입되는 공공자원은 계속 늘어나고 있다. 간단한 예로 노인을 위한 의료비와 사회서비스 비용은 선진복지국가들의 가장 큰 재정적 부담이 되고 있다. 이 문제를 해소할 대안으로서 가족과 이웃이 스스로(자조적으로) 그들의 자원으로 노부모와 노인을 여러 가지 방법으로 부양하는 방법이 제시되고 있다. 사실 현대의 노인복지사업은 가족이 노인 부양의 주도적 역할을 한다는 전제하에 설계되어 운영되고 있는 것이다.

다음으로 도의적 면에서도 노인과 노부모를 부양하는 일은 매우 중대한 사회적 과제이다. 노인을 존중하는 사회적 분위기, 노인 학대 예방, 노인 부양에 대한 책임, 노인의 사회적 통합 등 윤리적이고 도덕적인 문제들이 상당히 심각한 상태에 이르고 있다. 이러한 문제도 역시 가족의 자체 부양능력을 회복, 강화함으로써 크게 해소할 수 있다고 보고 있다.

가족은 노령의 병약한 부모의 욕구를 충족하기 위해 다양한 역할들을 수행한다. 노인들의 장애 정도가 심할수록 가족의 손길이 더 필요하게 된다. 예로 가장 희생적인 간호가 필요한 치매노인의 경우 거의 모든 케이스가 가족(주로 자녀, 배우자)의 보호 부양을 받는다. 가족 외부에서 간호를 받다가도 상태가 악화되어 간호가 어려워진 노인은 가족의 손안으로 들어와 보살핌을 받게 된다. 오늘날 우리 가족이 변하고 있다고 하지만 가장 어려운 보호 부양 역할을 이렇게 가족이 담당하고 있다는 사실을 볼 때 가족이 병약한 노인을 보호 부양하는 책임을 아직도 지고 있음을 알 수 있다.

가족이 아닌 다른 사람은 부양자의 커다란 희생을 요구하는 보호 부양 역할을 담당하기가 어려우며 또 가족이 제공할 수 있는 정성 어리고 따뜻한 부양을 하지도 못한다. 가족적 유대가 우리보다도 약한 미국인들의 경우에도 장애 정도가 심한 노인들의 대다수가 가족과 친족의 보살핌을 받고 있다. 개인주의적 사회에서도 이와 같이 가족이 장애를 가진 노인을 부양하는 데 주도적 역할을 담당하고 있는 것이다.

다른 문화에서도 그렇지만 우리의 문화적 맥락에서는 특히 가족과 친척이 제공하는 사적이고 비공식적인 서비스가 노부모를 위한 보호 부양― 흔히 장기적인 부양― 을 위한 대표적 수단이 되어 왔고, 앞으로도 많은 가족의 경우 그렇게 될 것으로 본다.

이 책에서 다루는 어른 존경 ― 어른을 보살피고 부양하는 일 ― 에 관한 주제는 가족의 이러한 기능 및 기여와 연관해서 논의된다.

오늘날 산업사회에서 노부모를 보호 부양하는 일은 가족 안팎의 복잡한 인간적, 환경적 요인들로 인하여 점점 어려워지고 있다.

우리는 병약한 노인을 부양하는 과정에서 정신적, 물질적 및 기술적으로 어려움을 겪고 있는 가족을 측면에서 지원하는 국가와 이웃의 공식적 체계들을 시급히 개발해 나가야 함을 명심해야 하겠다(정경배, 1999; 이혜자 & 박경애, 2009).

| 비교문화적 접근

동서양의 발전된 국민들은 각자의 문화적 맥락에 맞는 다양한 노인복지 서비스를 개발하고 있다. 우리와 문화가 다른 사회는 우리와 다른 점도 있지만 공통점도 가지고 있다. 이들이 개발, 실천한 노인을 보살피고 부양하기 위한 다양한 방법과 경험을 탐사해서 우리의 문화적 맥락에 맞고 우수한 것들을 도입해 활용하고 그들이 범한 잘못을 우리 사회에서 되풀이하지 않도록 하려면 세계적인 시각을 가지고 노인문제 분야의 비교문화적 연구에 임해야 한다고 본다.

현 단계의 한국의 부모 부양 연구는 국내의 소가족화 경향에 따른 부모/노인 부양의 어려움과 해결방안에 초점을 두고 있으며 아직은 다른 문화적 맥락으로까지 뻗어 나가 비교문화적 연구를 하는 사례가 드물다.

이 책의 마지막 장에서는 한국과 미국의 어른 존경에 관한 비교연구자료를 근거로 하여 부모와 어른을 부양하는 한국인과 미국인의 어른 존경 방식과 이와 관련된 문화적 특성을 비교하였다.

한 사회의 특정한 현상은 그 사회 속에 사는 사람들이 쉽게 파악 못 하는 경우가 흔히 있는데 이런 현상을 다른 사회와 비교해 보면 그 현상에 대한 두 나라 간의 공통성과 이질성이 뚜렷이 나타나 식별하기가 쉬워진다. 이러한 비교문화적 연구를 통하여 문화적 차이에 관계없이 나타나는 공통적인 어른 존경 방식과 특정 문화에서만 실천되는 존경 방식을 식별할 수 있다. 이로써 우리가 참고해야 할 사항과 우리와 다른 문화권의 사람들에게 알릴 수 있는 사항을 규명할 수 있다. 문화 간의 비교연구는 앞으로 노년학과 노인복지에 관한 자료를 다른 나라들과 교환하는 데 있어 필수적인 수단이 될 것이다.

| 윤리적 차원

우리는 부모를 가진 자녀로서 윤리적 차원에 대한 이해가 있어야 하겠다. 윤리적 차원은 자녀가 부모에게 마땅히 해야 하는 의무와 규범으로 표시된다.

부모와 어른에게 자녀와 젊은 사람들이 해야 할 의무에 대해서는 이 책에서 반복하여 논술할 것이기 때문에 여기서는 주로 동서양의 대가들의 자녀의 부모에 대한 윤리적 의무와 관련된 논의를 인용해 보기로 한다. 인용한 서양 석학들의 말은 효를 교시한 동양의 석학들이 논한 바와 거의 같다는 사실을 미리 지적해 두고자 한다.

일찍이 서양의 윤리학과 신학의 거인 아퀴나스(Aquinas, 1981)는 다음과 같이 부모 존경에 대해서 말했다.

"나는 나의 부모를 공경하는 의무를 수행해야 하는데 부모에게는 나의 아이나 친구에게 아니 해도 되는 존경을 해 드려야 한다. 하나님을 제외하고 부모는 우리를 이 세상에 존재케 하고 발전케 한 원천인 것이다."

부모에게 진 빚은 특별히 크기 때문에 우리는 다른 누구보다도 먼저 부모를 존경하고 봉양해야 한다.

동양의 공자도 말하기를 "효는 구체적으로 부모를 존경하고, 부모의 명예를 존중하고, 부모에게 따뜻한 음식, 의복 및 거처를 마련해 드리는 것이다."(예기禮記, 2권 12장)라고 했다.

이 말은 사녀가 부모에게 할 원초적인 도의적 의무를 규정한 것이다.

공자의 수제자인 맹자는 다음과 같이 부모를 존경하는 것이 중요함을 강조하였다. "인간이 하는 모든 행동들 가운데서 효행보다도 더 중요한 것이 없다. 그런데 효행 가운데서도 부모를 존경하는 것이 제일 중요하다"(효경孝經, 10장).

이 말들은 부모는 자녀를 이 세상에 출생시키고, 어릴 때 보살펴 주고, 지원해 주고, 걱정을 해 주며, 희생적 노력을 해서 양육했기 때문에 자녀도 성장하면 이러한 부모의 은혜에 보답하기 위해 부모를 존경하면서 부양해야 한다는 뜻을 전해 주는 것이다.

아퀴나스(Aquinas)는 또 자녀가 어릴 때 부모로부터 받은 은혜는 법적인 빚, 즉 받은 액수를 돌려 갚으면 되는 빚이 아니라 그 빚은 도덕적인 빚이고 감사의 빚이라고 했다.

부모에 대한 감사는 개인적 이익을 바라지 않고 오직 자녀의 안녕을 위해 조건 없이 은혜를 베풀어 준 데 대한 것이다. 중요한 점은 은혜를 베푼 부모는 은혜를 돌려받을 기대를 가지고 자녀에게 베풀지 않았다는 사실이다.

감사는 은혜에 대한 보답이다.

독일의 유명한 철학자 칸트(Kant, 1964)는 말하기를, "감사는 우리에게 친절을 베푼 사람을 존경하고 받드는 뜻이 내포되어 있다."라고 했다.

이러한 뜻을 영국의 저명한 윤리학자 Blackstone(1856)은 부모와 자녀의 관계와 연계해서 다음과 같이 말했다.

"부모에 대한 자녀의 의무는 자연적인 정의와 보은의 원칙에서 나오는 것이다. 우리를 이 세상에 출생시킨 부모에게 어려서는 당연히 순종해야 하고, 자라서는 이분들을 받들고 존경해야 한다. 우리를 양육하고 교육시키고 성장시켜 준 부모가 노쇠해서 도움이 필요하면 우리들로부터 이를 당연히 받아야 한다."

이 말은 동양의 석학들이 효에 관해서 교시한 자녀의 도리 및 책임과 다를 바가 없다. 자녀가 부모 은혜에 감사하고 이분들을 존경하는 것은 결코 부모 은혜에 대한 대가를 치르는 것으로만 생각할 수 없다. 부모로부터 받은 은혜를 금전적으로 해석한다는 것은 부모자녀 간의 깊은 인륜(人倫)적 맺음을 생각할 때 당연치 못하다. 자녀의 감사는 다만 부모가 베푼 은혜의 너그러움을 깨닫고 그에 대해 반응하는 데 불과하기 때문이다.

Kant에 의하면, 성인 자녀가 부모로부터 어릴 때 받은 은혜에 감사할 의무는 영원하고 성(聖)스러운 것이며 이로부터 자녀가 부모에게 가지는 감사의 의무가 생기는 것이다. 즉 그는 "감사는 성스러운(heilige) 의무라고 생각해야 한다. 그 의무는 언제나 의무로서 남아 있을 때 신성하다. 따라서 사람은 자기가 받은 친절을 모두 갚는다 해도 그 의무로부터 벗어날 수가 없다."고 했다.

자녀가 부모에게 감사하려고 어떤 행위를 한다 하여도, 그리고 비록 부모가 해 준 바와 똑같은 행위를 부모에게 한다 해도 부모에 대한 감사를 충분히 표시할 수가 없다. 왜냐하면 자녀는 부모의 은혜에 대해 다만 반응하는 데 불과하기 때문이다. 그 넓고, 깊고, 높고, 한이 없고, 조건이 없는 도움을 자녀는 어떤 방법으로든 모방할 수가 없는 것이다.

따라서 부모에 대한 감사는 무슨 행위로도 충분히 표현할 수 없으며 그들로부터 받은 은혜는 무엇으로도 다 갚을 수가 없다. 따라서 우리는 이분들에게 감사를 하지 않을 수 없다. 감사를 하기 위해서는 무엇보다도 먼저 이분들을 존경해야만 한다.

| 책의 구성

이 책은 어른 존경과 효와 관련된 과제들에 대한 일련의 경험적이고 탐험적 연구결과를 소개하고 논의하는 논문들로 엮어져 있다. 지난 20여 년 동안 6,000여 명의 국내외의 성인 남녀와 노인을 대상으로 행한 연구들로부터 얻은 결과이다.

어른 존경과 관련된 이념과 태도를 다각도로 조사하기 위해 질적 및 계량적인 연구방법들을 사용하였다. 즉 내용분석, 우편조사, 면접 등 조사방법을 사용하여 자료를 수집하였고 각종 통계기법을 사용하여 이 자료를 분석하였다. 효행상 수상자들과 일반 성인들 그리고 외국인들로부터 자료를 수집하였다. 이러한 방법들을 통해 오늘날 우리 사회에서 진행되고 있는 부모-자녀 사이, 어른-젊은 사람들 사이의 존경을 주고받는 현황을 경험적으로 파악하고 국제적으로 비교해 보고 앞으로 어른 존경의 관습이 어떤 방향으로 진전되어 갈 것인지 그 추세를 모색해 보았다.

[아울러 저자는 중국과 일본에서 도합 2,000여 명의 대학생들로부터 어른 존경에 관한 자료를 수집하여 한국인의 어른 존경 자료와 비교하고 있다. 지금까지 나타난 분석결과에 의하면 이들 동아시아 3국들 사이에 어른 존경을 표현하는 방식과 실천하는 정도에 별다른 차이가 없다. 즉 공통성이 드러났다. 3개국에서 행한 조사의 보고는 국가별로 저자의 다음 책에 수록되어 있다. Kyu-taik Sung, *Respect and Care for the Elderly: The East Asian Way*, 2007. University Press of America, U.S.A.]

제1장에서는 우리 사회에서 실천되고 있는 어른 존경과 관련된 주요 관심사들에 대해 논의하였다. 이 관심사들에 대한 경험적인 조사로부터 얻은 결과를 다음 각 장에서 논의한다.

제2장에서는 효에 관한 문헌에서 가장 중요시하는 효행 이유가 다름 아닌 어른에 대한 존경임을 지적하고 저자가 행한 경험적인 연구에서도 역시 어른 존경이 가장 중요한 효행 이유로 나타난 사실을 계량적 자료를 바탕으로 논술한다.

제3장은 어른을 존경하는 우리의 오래된 문화적 전통과 관습에 대해서 효와 관련된 문헌과 실증적 조사에서 얻은 자료를 바탕으로 논의한다.

제4장에서는 앞장에서 식별한 어른을 존경하는 구체적인 방법들에 대해서 논한다. 즉 존경을 표현하는 방식에 대해 설명한다.

제5장은 현대의 젊은 사람들이 한국의 문화적 맥락에서 어른 존경을 하는 실상을 조사한 결과를 기술하였다. 이 조사에서 얻은 자료를 분석하여 어른 존경의 차원들을 식별해 보았다. 추상적인 존경의 개념을 좀 더 알기 쉽게 구체화하려고 시도한 것이다.

제6장에서는 문화를 달리하는 한국인과 미국인 간에 어른을 존경하는 방식에 어떠한 체계적 차이 내지 유사성이 있는가를 조사해 보았다. 한국인 특유의 존경 방식들이 있었고 한국인과 미국인의 공통적인 존경 방식들이 나타났다.

제7장에서는 어른을 보살피고 부양하는 주역이 되는 가족이 변하고 있어 이에 따른 여러 가지 과제들이 대두하고 있음을 논술하고, 앞으로 노인이 존중받는 사회를 만들기 위해 어떠한 정책방향을 모색해야 하는지에 대해 논의했다.

이상의 장들의 내용은 상호 연관되어 있다. 그리고 이들 주제에 대한 연구들은 단계적인 성질의 것이다. 즉 한 연구를 하고 난 뒤에 다른 관련된 주제로 옮겨 연구를 한 것이다.

2장

어른 존경 - 으뜸가는
효행 이유

한국인들이 효도를 하는 이유는 무엇일가? 그리고 효도를 하는 이유 가운데서 가장 중요하다고 보는 이유는 어느 것인가?

제1권에서 소개된 효행 이유에 관한 조사결과 가운데서 특히 부모에 대한 존경에 초점을 두고 효행 이유에 대해서 다시 논의해 보고자 한다.

위의 질문에 대한 답을 얻으려고 부모를 모범적으로 봉양하여 효행상을 받은 사람들에 관한 자료를 분석하였다.

지금까지 효는 막연하고 구체적이지 못하게 전해져서 효를 실천하는 데 도움이 될 만한 분명한 지침을 마련해 주지 못했다.

이 장에서 소개하는 연구에서는 구체적이고 세분된 효의 내용을 가려냈다. 즉 효도를 한 주된 이유와 효를 행한 방법들을 제시하였다. 이 효행 이유들 가운데서 효행자들이 가장 자주 지적하고 가장 중요하다고 판정한 것이 다름 아닌 부모를 '존경하는 것'으로 나타났다.

이 책에서 되풀이해서 논의하게 되지만 존경은 어른을 보살피고 지원함을 의미하는데 효행자들이 이러한 존경의 표현인 보살핌과 지원을 실행한 사실도 소개하고자 한다.

| 효행자 이야기 속의 자료

효행자에 관한 이야기들 내용을 세밀히 분석하였지만 이 이야기에서 얻은 자료만으로는 효행에 관한 신뢰성 있고 정확한 자료를 얻기가 힘들기 때문에 효행자들에게 직접 설문을 보내어 이들의 의견을 얻어 분석을 했다.

이 장에서는 효행을 한 중요한 이유에 대한 조사결과만을 소개하고자 한다.

| 효도를 한 이유

효행 이유는 효행자로 하여금 효를 하도록 만든 동기, 즉 효도를 하고자 하는 마음속의 충동과 의지를 말한다. 사람이 부모에게 효도하려는 열망은 그가 지닌 부모를 봉양하는 데 대한 믿음이나 가치관에 의해서 이루어진다. 효도를 하려는 이유는 개인의 도덕적인 의무감에 의해 동기화되므로 이는 곧 득행(德行)이다. 도덕적 이유는 이 경우 부모와 다른 어른을 위한 이타적인 행위(보살핌과 서비스)를 하려는 것이다.

효행 이유는 다음의 11가지 항목들로 분석되었다. 이 항목들은 효행자들에 관한 이야기들 속의 자료를 해석, 요약 또는 추리해서 알아낸 것이다.

이 조사의 방법, 자료분석, 결과 등 사항들에 관해서는 제1권 제2장을 참조하기를 바란다.

〈효행의 이유〉

(1) 부모를 존경함

① 부모 말씀에 순종함.
② 부모를 보살피고 지원함.
③ 부모에게 윗자리를 권하고 경어를 사용함.

(2) 부모에 대한 책임을 기짐

① 부친이 사망한 후 어머니를 잘 모심.
② 배우자가 사망한 후 시부모를 잘 모심.
③ 부양을 위해 결혼을 늦추거나 직장을 쉼.

(3) 부모를 희생적으로 보살핌

① 자신의 안락을 돌보지 않고 부모를 보살핌.

② 부모의 의료비를 지불하고 대가족을 부양함.

③ 장기질환으로 와병 중인 부모를 간병함.

(4) 부모를 동정함

① .부모를 보다 더 잘 섬기지 못함을 뉘우침.

② 허약하고 장애를 가진 부모를 가엾게 여김.

③ 부모가 늙어 감을 가엾게 여김.

(5) 가정을 화합시킴

① 부모를 중심으로 통합된 가족을 이룸.

② 부모와 가족 간의 대화와 상호교환을 촉진함.

③ 형제와 친족을 지원함.

(6) 하지 못한 일을 효도를 함으로써 보상함

① 친부모를 모시지 못함을 보상하기 위해 시부모를 잘 모심.

② 죽은 배우자를 섬기지 못한 것을 보상하기 위해 시부모를 잘 모심.

③ 다른 가족에게 잘하지 못함을 보상하려고 부모를 잘 섬김.

(7) 은혜를 갚음

① 부모의 소원을 성취함.

② 부모를 물질로써 즐겁게 해 드림.

③ 부모를 비물질적 방법으로 즐겁게 해 드림.

(8) 종교적인 믿음으로 함

① 유교의 가르침을 따름.

② 불교의 가르침을 따름.

③ 기독교의 가르침을 따름.

(9) 지역사회의 화합을 위해서 함

① 이웃노인에게 봉사/서비스를 함.

② 청소년이 노인과 좋은 관계를 가지도록 지도함.

③ 자연환경을 보존하거나 교통안전을 증진함.

(10) 가족의 체면을 유지함

① 부모와 가족을 욕되게 하지 않음.

② 부모 생신과 가족 행사에 이웃을 대접함.

③ 사당이나 조상의 묘를 수리, 단장함.

(11) 가족의 영속을 도모함

① 전쟁/천재로 분산된 가족을 모이게 함.

② 가족 영속을 위해 부모를 모시고, 조상을 숭배하며, 자녀를 양육함.

③ 부모의 명예와 가족의 사회적 지위를 높임.

<표 1>에 나타난 등위와 같이 가장 빈번히 지적된 효행 이유는 '부모를 존경하기 때문'이다. 다음으로 '부모에 대한 책임 수행'과 '부모를 위해 나를 희생하려고'가 따른다. 그리고는 부모의 은혜에 보답하려고, 부모를 동정하고 가엾게 여기어, 부모를 중심으로 가족관계를 화합하려고, 이웃과 지역사회에 봉사하려고 효행을 하였고, 소수의 효행자들은 기왕에 이루지 못한 것을 보상하려고, 그리고 종교적인 신념에서 효행을 했다고 하였다.

| 효행자들의 의견 조사

지금까지 효행자에 관한 이야기들을 분석한 결과(제1단계 조사)를 바탕으로 논의했는데 다음에는 효행자로부터 직접 수집한 자료(제2단계 조사)를 바탕으로 효행 이유에 대해서 알아보았다. 이들에게 설문지를 보내어 답을 얻은 것이다.

앞서 이야기를 분석해서 알아낸 효행 이유와 설문을 통해서 알아낸 이유의 지적빈도에 따른 등위가 비슷하게 나타났다(<표 1>).

<표 1> 제1단계 조사와 제2단계 조사에서 식별된 효행 이유의 비교*

효행 이유	제1단계에서 식별된 동기(등위)	제2단계에서 식별된 동기(등위)
부모에 대한 존경	1	1
부모에 대한 책임	2	2
가족의 화합	6	4
부모를 위한 희생	3	5
부모 은혜 갚음	4	3
가족의 영속	7	7
부모에 대한 동정	5	6
지역사회의 화합	8	9
역할의 보상	9	8
종교적 신념	10	10
가족의 체면 유지	11	11

* 지적빈도에 기초한 등위임.

<표 2>에는 11가지 효행 이유들의 두 가지 등위들(하나는 효행 이유를 지적한 빈도에 기초한 등위이고 다른 하나는 중요성 평점에 따른 등위)을 비교해 본 것이다.[1]

종합등위를 보면 부모 존경이 제일 높다(지적빈도 1위, 중요성 평점 1위). 다음 자녀의 책임(빈도 2위, 평점 2위)이 두 번째이고, 세 번째가 가족의 화합(빈도 4위, 평점 3위), 네 번째가 부모 은혜를 갚는 것(빈도 3위, 평점 6위), 다섯 번째는 부모를 위해 희생하는 것(빈도 5위, 평점 7위), 그리고 같은 다섯 번째가 가족의 영속(빈도 7위, 평점 5위)이다. 이 주요 이유들 다음으로 부모에 대한

---

1) 두 가지 등위들(등위상관계수 .82)이 서로 상합이 됨을 시사한다. 다시 말하자면, 효행 동기에 대해 빈도 크기에 따라 등위를 정하거나 중요성 정도에 따라 등위를 정하거나 간에 비슷한 등위로 나타났는데 이는 효행 이유 등위의 신뢰성과 타당성을 시사한다.

동정, 이웃과의 화합, 보상, 종교적 신념, 체면 유지의 순위로 이어진다. 보은(報恩)의 경우 두 등위들(빈도 3, 평점 6) 간에 차이가 엿보인다. 그러나 종합등위는 비교적 높은 4위로 나타났다. 지역사회 화합은 빈도에서는 9위, 평점으로는 4위로서 지적빈도는 낮으나 비교적 높은 중요성 평점을 받았다.

〈표 2〉 효행 이유: 빈도에 따른 등위와 평점에 따른 등위의 비교*

동기 유형	빈도에 따른[1] 등위(%)	평점에 따른[2] 등위 평균	종합등위
부모 존경	1 (100)	1 (4.98)	1
자녀책임 수행	2 (85)	1 (4.98)	2
보은	3 (72)	6 (3.46)	4
가족의 화합	4 (47)	3 (4.46)	3
부모를 위한 희생	5 (43)	7 (3.29)	5
부모에 대한 동정	6 (27)	7 (3.29)	7
가족의 영속	7 (20)	5 (3.90)	5
보상	8 (11)	9 (3.25)	9
지역사회 화합	9 (7)	4 (4.16)	7
종교적 신념	10 (3)	10 (2.62)	10
가족체면 유지	11 (2)	11 (2.27)	11

* 지적빈도에 기초한 등위임.
Spearman 등위계수(Rho) = .818(.001)
1. 지적빈도의 백분율
2. 5단위 척도에 의한 평점의 가중치의 평균

| 효행자들이 제공한 보살핌과 서비스

효는 구체적인 보살핌과 서비스 — 존경 — 를 부모에게 제공함으로써 실현할 수 있다. 효행자들의 부모들은 대개가 신체적 질환을 갖고 있었다. 이분들은 배변을 돕는 일에서부터 심리적인 대인관계를 돕는 일에 이르기까지 다양한 도움이 필요했다. 효행자들은 이분들에게 다양한 유형의 보살핌 및 서비스를 제공하였다. 효심이 돈독한 이들은 보살핌과 서비스로써 효를 구현한 것이다. 효행을 하려는 의지가 행동으로 표현된 것이다. 이들이 제공한 보살핌과 서비스는 다음의 세 가지 주제로 구분할 수 있다.

  *개인적 보살핌 및 서비스
  *가족을 위한 지원
  *이웃과 지역사회를 위한 서비스

서비스에는 부모를 간병하는 일부터 거동을 못 하는 부모를 등에 업고 다니는 일에 이르기까지 여러 가지가 있었다. 위의 개인적 서비스는 다시 다음의 3가지 단계로 분류할 수 있다.

'제1차적 서비스': 집안일 돕기(방 안 정리, 세탁 등), 개인적 보살핌(식사시중, 목욕시키는 일, 대소변 돕기 등), 주택 제공(성인 자녀와 동거하는 것), 가정의료(간호, 의약품 제공 등).

'제2차적 서비스': 교통 제공(외출할 때 동반하는 것, 등에 업고 다니는 것), 심리적으로 지지하는 것, 용돈 제공, 보호, 사회활동에 참여할 기회를 마련하는 것.

'제3차적 서비스': 책을 읽어주는 것, 대화 상대가 되는 것, 교육의 기회를 마련해 주는 것.

개인적 보살핌과 서비스는 주로 여성 효행자들(며느리, 아내 또는 딸)이 제공하였다. 한국의 대다수 가정에서는 아직도 여성이 무거운 책임을 지고 있다. 즉 여성이 아직도 노부모를 위한 서비스의 주요 원천이 되고 있는 것이다. 아들은 대개 정서적 및 재정적 지원을 하며 부모를 가족 밖의 자원과 연결하는 역할을 한다. 그래서 아들은 부모에게 손끝으로 실제적 도움을 주는 경우가 드물다. 소위 남녀 성별에 따른 상이한 문화적 전통을 반영하는 것이다. 여성들이 노부모와 기타 가족원들을 부양하는 데 이바지하는 바가 매우 크다는 사실이 나타난다.

효행자들은 또한 가족의 생계유지, 자녀와 형제자매의 교육, 조상의 묘 참배, 친척과의 상호부조 등을 하였다. 가족을 위한 지원은 이같이 여러 세대(자녀, 형제자매, 부모, 조상)에 걸쳐 제공되었다. 거의 모든 효행자들이 부모뿐만 아니라 다른 가족성원들도 모범적으로 지원했다.

따라서 효행의 범위는 예상보다는 훨씬 광범위했다. 가족 중심적으로 부모만을 위하는 좁은 효의 개념은 이웃 및 지역사회 차원으로 확대되었다.

그리고 보살피고 지원하는 상대도 부모뿐만 아니라 형제자매, 이웃노인, 이웃청소년까지 포함되었다. 즉 부모 이외 사람들도 존중한 것이다.

| 맺는 말

부모 존경이 가장 으뜸가는 효행 이유로 나타났다. 사실 효에 관한 문헌에는 부모 존중이 가장 빈번히 언급되고 가장 강조되고 있다. 따라서 본 조사에서 얻은 자료가 문헌에 담긴 내용과 맞아 들어감을 알 수 있다. 이는 옛날이나 지금이나 부모 존경의 원리는 그대로 적용되고 있음을 나타낸다. 다만 그 표현이 달라지고 있는 것이다.

효행자들은 연령, 성별, 교육 등 특성에 상관없이 부모에 대한 존경 이유를 중요시하고 실행하였다.

본 연구에서 식별된 가장 두드러진 효행 이유는 다시 말해서 부모 존경이며, 존경은 부모를 모범적으로 모신 효행자들이 보여준 효의 핵심이다.

3장

어른 존경의 뜻과 표현

사람들의 수명이 길어지고 영아출생률이 현저히 낮아지고 있다. 이러한 인구학적 변동이 계속되고 있기 때문에 노인부양은 자연히 소수의 젊은 사람들의 책임으로 되고 있다. 앞으로 노인부양의 책임과 부담이 커지면 젊은 세대의 노인지원 능력이 감소될 수 있고 노인을 존경하는 전통적 관습마저도 쇠퇴할 수 있다.

최근의 연구발표에 의하면 상당수의 성인 자녀들의 부모에 대한 도덕심이 점차 하락하고 있다는 것이다. 자녀를 포함한 젊은 사람들 가운데는 노인을 푸대접하고 병약한 노인을 저버리고, 노인들의 어려움에 무관심하고, 다만 돈과 권력을 가진 노인만을 존경하는 경향이 있다. 외국에서는 이미 오래전부터 이러한 조사결과가 보도되고 있으며 우리나라에서도 비슷한 보도가 나오기 시작했다(김미해 & 권금주, 2008; 보건복지부, 2007; 권중돈, 2004; 한동희, 2002; 이인수, 2000; Pillemer & Finkelhor, 1988; Tomita, 1994; Kwan, 1995; Levy, 1999).

노인들은 젊은 사람들의 변덕스러운 태도에 따라 크게 영향을 받는다. 인류의 역사를 살펴보면 옛날 어느 때는 부담스러운 노인에 대해 극히 불경스러운 대접을 한 것 같다. 예로 일본에서는 '오바스때'라는 전설이 있는데 늙은 부모를 등에 업고 산꼭대기에 올라가서 버렸다는 것이다. 우리나라에도 '고려장'이란 풍습이 있었다 한다. 즉 노부모를 굴에 집어넣고 먹을 것을 넣어 주고는 굴을 닫아 버렸다는 것이다. 중국에서도 '기로국'(棄老國)이라는 노부모를 먼 곳으로 데려가 버린 나라가 있었다 한다. 서양의 경우는 더 흉측하게 노부모를 처분했다는 이야기들이 있다. 박태리어 족은 노인을 개가 뜯어 먹게 했고 살디니 족은 노인을 높은 언덕에서 아래로 떨어뜨렸다고 한다(Cox, 1990). 오늘날 문명화된 사회에서는 어느 경우에도 이러한 미개하고 비인도적인 노인 학살을 용납할 수도 없고 행할 수도 없다.

어른들은 개인에 따라 정도의 차이는 있지만 일평생 가족과 사회를 위해 몸과 마음을 바친 분들이다. 이분들의 대다수는 애정, 의무감 및 희생으로 자녀와 젊은 사람들을 보살피고, 기르고, 교육시키고, 지원해 나왔고, 남은 여력도 이 세상을 떠날 때까지 자녀를 위해 바치는 분들이다.

자녀가 어른을 어떻게 대우하느냐의 문제는 어른들은 물론 사회 전체의 매우 커다란 관심사가 아닐 수 없다.

최근까지만 해도 어른 존경에 대한 논의가 매우 드물었다. 노년학자들은 주로 노인에 대한 수단적인 서비스에 관심을 집중한 나머지 어른 존경에 대해서는 대단한 관심을 두지 않았다. 이러한 유감스러운 경향은 아마도 존경이라는 말이 질적이고 계산할 수 없으며 숫자로 제시할 수도 없기 때문에 생긴 것으로 보인다.

어른을 존경하지 않고서는 이분들의 사람으로서의 권위를 존중할 수 없을 뿐만 아니라 이분들에 대한 기본적인 예의마저도 갖추기가 어려운 것이다(이하 노인에 대한 존경을 '어른 존경'이라 함. 이 연구에서 어른은 부모, 연장자, 친척, 선생, 윗사람, 이웃 노인 및 일반 노인 모두를 말함.).

즉 어른들의 사회적 지위를 존중하고 이분들을 정중히 대하려면 먼저 이분들을 존경해야만 한다. 따라서 어른을 존경한다는 것은 도의적, 윤리적 및 사회적 관점에서 매우 중요한 과제이다.

근년에 들어 어른 존경에 대한 연구자들의 관심이 우리나라에서는 물론 외국에서도 높아지고 있다(유승국, 1995; 지교헌, 1995; 박재간, 1998; 최성재, 1989; 김태현, 1994; 윤가현, 1998; 박영란, 2000; 성규탁, 2001; Ingersoll – Dayton & Sangtienchai, 1999; Mehta, 1997; Chipperfield & Haven, 1992; Leininger, 1990; Post, 1989; Palmore & Maeda, 1985; Sung, 2004, 2007).

지금까지는 어른 존경에 관한 체계적인 논의와 연구가 거의 이루어지지 못했다.

어떤 문화권에서든 어른 존경과 관련된 가치관과 규범, 그리고 개인의 역할 및 사회적 구조는 오랜 세월에 걸쳐 계속되어 오고 있다. 따라서 문화가 다름에 따라 어른 존경을 하는 방식도 어느 정도 달라질 것으로 본다.

동아시아 문화권에 사는 중국인, 한국인 및 일본인은 어른을 존경하는 문화적 전통을 오랜 세월에 걸쳐 간직해 왔다. [중국인이라 함은 중국 본토는 물론 홍콩, 대만, 싱가포르 등 동아시아에 거주

하는 모든 중국인을 말함.]

이들 동아시아 사람들이 어른을 존경하는 전통은 효 이념에 그 바탕을 두고 있다. 사실 효에 관한 가르침에서 가장 강조되는 점이 바로 부모와 어른에 대한 존경이다(효경, 2, 9). 효는 기본적으로 자녀가 부모로부터 받은 깊고 끝없는 애정, 보살핌 및 지원, 즉 은혜를 깨닫고 이에 대한 보답으로 부모를 존경하고 보호하는 실천적 행동, 즉 보은을 의미한다(유, 1995; Kong, 1995; Takahashi, 1995).

그런데 일반적으로 어른 존경에 대해 추상적으로 정의를 내리는 경향이 있다. 그래서 존경의 뜻이 막연하여 어른 존경을 실천하고 연구하는 데 도움이 되지 못했다.

일반적으로 어른 존경은 아랫사람이 윗사람에게 '예의를 갖추고 순종하는 것'으로 알려져 왔다. 즉 존경은 예의와 순종을 하는 것으로 전해 내려온 것이다.

그러나 효에 관한 문헌과 기록을 살펴보면 이러한 단순한 해석으로는 그 폭넓고 고상한 어른 존경의 개념을 올바르게 이해해서 설명하기가 어렵다. 문헌에는 어른 존경에 대한 논의와 사례가 수록되어 있으나 그 논의의 내용은 논자의 개인적 관심과 논의의 맥락에 따라 어느 정도 다르다.

어른 존경을 이해하기 위해서는 사람들이 어른에게 어떠한 행위를 통해 존경하는가를 먼저 조사한 후 구체적인 존경의 표현 방식 ― 행동과 태도 ― 을 가려내는 것이 실제적인 연구방법이라고 본다. 이런 경험적인 연구에서 얻은 결과를 바탕으로 과거에 비해 어른 존경이 달라진 점, 현재의 실천상태, 앞으로의 실천방향을 연구해 나갈 수 있다.

본 연구의 목적은 어른 존경을 어떤 행동으로 표현하고 있는가를 구체적으로 가려내어 정리해서 장래 연구를 위한 기초 자료를 제공하려는 데 있다. 이를 위해 최근 동아시아에서 이루어진 어른 존경과 관련된 연구를 살펴보고 이에서 얻은 자료를 바탕으로 현재 실천되고 있는 존경 방식들을 가려내려고 한다. 개개 존경 방식이 내포하는 뜻을 해석하고 근래에 그 방식이 달라지고 있는 점 그리고 어른 존경과 관련된 비교 문화적 과제 등에 관해서 논의하려고 한다.

| 어른 존경의 이념

본 연구의 첫 단계는 어른 존경의 원래 의미를 파악하기 위해 효(孝)에 관한 유교문헌을 살펴보는 작업이다.

예(禮)에 관한 가르침을 수록한 『예기(禮記)』, 교육, 도덕, 인격양성 등의 주제에 관한 논의를 수록한 『논어(論語)』, 공자의 수제자인 맹자가 공자의 가르침에 관한 논의를 수록한 『맹자(孟子)』, 그리고 효의 실천에 관한 지침을 수록한 『효경(孝經)』에는 효에 관한 여러 가지 가르침과 지침이 수록되어 있다.

이들 문헌 속에 담겨 있는 부모와 어른에 대한 존경과 관련된 문장들과 구절들 가운데서 가장 자주 인용되고 널리 알려진 것들을 구분해 내어 아래와 같이 정리해 보았다.

공자는 부모를 예(禮)로써 대접하는 것이 효라고 말했다. 예는 예절과 올바른 행동을 뜻한다. 예는 어른 존경을 나타내는 행동만이 아니라 어른 존경의 심리적 및 감정적 차원까지 포함하고 있다(de Bary & Bloom, 1999: 58 - 59). 예에 대한 공자의 가르침의 핵심은 다름 아닌 부모를 존경하고, 부모의 지시에 따르고, 부모를 받들고, 부모의 마음을 편하게 하는 것이다.

공자는 "존경으로써 사람을 대한다면 예를 행하는 데 무슨 어려움이 있겠는가?"라고 하여 모든 대인관계에 있어 다른 사람을 존경하는 것이 가장 중요함을 강조하였다(논어, 4, 13).

한 제자가 어떤 방법으로 부모에게 효도하면 좋겠느냐고 공자에게 질문하자 그는 이렇게 대답했다.

"요즈음 사람들은 부모에게 먹을 것만 주면 효도하는 것으로 알고들 있다. 하지만 개와 말에게도 먹을 것을 주지 않는가. 부모를 존경으로 대하지 않는다면 사람과 짐승 사이에 무슨 차이가 있는가."(논어, 2, 7)

위 답변에 나타났듯이 공자에게는 부모에 대한 물질적 지원이나 외면적 표현보다도 마음속에서 진정하게 부모를 존중하는 것이 더 중요했던 것이다.

존경에 관한 가르침에서 공자는 부모를 잘 보살피고 부양 또는 서비스를 제공하는 방법을 구체적으로 지시하고 정서적 보살핌과 함께 행동으로 보살피고 지원할 것을 강조하였다. 즉 부모의 마음과 몸을 함께 보살펴야 한다는 것이다.

공자는 보살핌과 서비스를 제공하는 방법에 대해 『예기』(상, 1; 하. 12)에서 다음과 같이 자세히 설명했다.

"효자는 부모의 의사에 어긋나는 언행을 해서는 안 되며 이분들이 즐거운 것을 보고 듣도록 해야 하며 이분들에게 편한 잠자리를 제공해야 한다. 아침에 잠자리에서 일어나면 아들 부부는 곧 부모가 거처하는 방에 가서 문안을 드리고 공손한 말로 그분들의 의복이 따뜻한지, 아프거나 불편한 데는 없는지 알아보아야 한다. 만약 아프거나 불편한 데가 있다고 하면 이를 해소해 드려야 한다. 그리고 그분들이 원하는 음식을 대접해야 하며 그 음식은 맛있고 신선하고 연하고 향기로운 것이라야 한다."

자녀는 또한 부모의 얼굴, 머리, 몸을 씻도록 도와야 한다고 했다(예기, 하, 12).

존경을 하는 데 있어 외면적인 표현 또는 몸가짐도 중요하다. 이점에 관해 공자는 다음과 같이 말했다.

"부모가 부르면 공손히 '예' 하고 인사를 해야 하며 부모의 방을 드나들 때는 성실하고 존경하는 자세를 갖추어야 한다"(예기, 하, 12).

부모와 대화를 하거나 서신을 교환할 때는 언제나 예의에 어긋나지 않도록 부드러운 음조로 적절한 말을 조심스럽게 사용해야 한다고 했다(효경, 4; 논어, 8, 5).

그는 또한 부모의 충고와 지시에 슈종해야 함을 강조했다(예기, 하, 12).

자녀는 부모와 연장자에게 존경의 표시로서 윗자리 또는 가운데 자리를 제공해야 하며 부모가 원하는 데 따라 부모가 앉을 자리의 방향을 잡아 주어야 한다(예기, 상, 1; 하, 12).

선물을 제공하는 것도 어른 존경의 한 가지 방법이다. 『예기』(하, 12)에는 며느리는 친정부모한테서 음식, 의복, 포백, 패세, 채란을 받으면 이를 시부모에게 바칠 것이며 이를 받은 시부모는 매우 기뻐한다고 했다.

위에 소개한 구절들과 문장들은 존경하는 방식들을 구체적으로 알려 주고 있다. 즉 보살피고, 서비스를 제공하고, 음식을 대접하고, 인사를 하고, 윗자리를 권하고, 선물을 제공하고, 공손한 자세를 갖추고, 우선적으로 대접하고, 경어를 사용하고, 순종을 하는 것이다.

공자는 이어 부모의 탄생일을 축하해야 한다고 다음과 같이 말했다.

"자녀는 부모의 탄생일을 축하해야 한다. 이는 부모의 생일을 축하하는 뜻도 있지만 그들이 한 살 더 늙기 때문에 이를 걱정하는 뜻도 있다"(논어, 4, 21).

자녀에게 가장 애통하고 서러운 것은 부모가 세상을 떠날 때 약이나 미음을 드리면서 임종을 하지 못하는 것이다.

그러나 맹자(공자의 수제자)는 이렇게 말했다.

"부모가 살아 계시는 동안에 식사를 대접하는 것만으로는 자녀의 도리를 다했다고 하기 어렵다. 이 세상을 떠나신 부모를 위해 장례 의식을 경건히 올림으로써 그 도리를 다하는 것이다"(맹자孟子, 4, 2: 8).

공자는 부모의 유체를 매장하는 데 있어 외관(外棺)과 내관(內棺)을 사용하는 점까지 자세히 지시하였다(맹자, 2, 2: 7). 질이 좋은 관을 고르는 것은 돌아가신 부모에 대한 자녀의 존경과 애정을 표시하는 것이다. 그러나 그는 "사망한 부모에 대한 조의를 표하는 데는 형식적 의례보다는 마음속으로 슬퍼하는 것이 더 중요하다."고 했다(논어, 3, 4).

생존하는 부모를 대하듯 사망한 부모에 대해서도 외면적 행동과 함께 마음속에서 우러나는 존경을 표시해야 한다(중용中庸, 19).

공자는 "조상에 대한 제사를 경건하게 모셔야 한다."고 했다(논어, 3, 12). 전통적으로 조상에 대한 예는 후손이 행하는 매우 중요한 의무로 여겨 왔다.

공자는 어른 존경의 실천 범위를 확대하여 가족이 아닌 이웃 노인과 사회의 노인까지도 존경해야 한다고 했다. 즉 그는 "가족 내의 어른을 존경하듯 다른 가족에 속하는 어른들도 존경해야 한다."고 했다(효경, 2).

같은 뜻으로 "가정 내에서 자녀는 부모를 섬기고, 가정 바깥에서는 다른 노인들을 존경해야 하며 이분들을 대할 때 말과 행동을 조심해야 한다."고 했다(논어, 1, 6). 이 구절은 이웃과 사회의 모든 노인을 존경해야 함을 지적하고 있다. 따라서 어른 존경은 가족의 한계를 넘어 이웃과 사회로 연장된다.

이상의 구절들에는 부모의 탄생일을 축하하고, 돌아가신 후 장례를 엄숙히 행하고, 돌아가신 조상을 경배하고, 가족이 아닌 다른 노인들을 존경해야 한다는 가르침들이 포함되어 있다.

위에서 인용한 구절들은 동아시아 사람들에게 여러 세대에 걸쳐 영향을 끼친 전통적 어른 존경의 이념을 포함하고 있으며 부모와 어른을 존경하는 구체적 방식들을 알려주고 있다.

| 어른 존경 방식

본 연구의 제2단계에서는 앞장에서 인용한 고전적 문헌 속에 담겨 있는 어른 존경 방식들을 가려내는 작업을 하였다.

다음에 이 조사 작업을 한 과정을 설명하고자 한다. 저자를 포함한 세 사람의 공동연구자들이 각각 별도로 문헌 속의 문장과 구절을 분석하였다. 이 분석자들은 모두가 효와 어른 존경에 대한 지식과 경험이 있는 사회조사에 능숙한 학자들이다. 먼저 작업에 들어가기 전에 이들이 참고로 할 5가지의 존경 방식들을 정하였다. 이 방식들은 동아시아 문화권에서 일반적으로 널리 사용되는 어른 존경 방식들로서 공동연구자들이 효에 관한 일반 문헌을 참조하여 미리 선정한 것이다.

즉 1) 어른을 보살피는 것(보살핌으로 하는 존경), 2) 어른에게 인사하는 것(인사로 하는 존경), 3) 어른에게 경어 또는 존댓말을 사용하는 것(경어로 하는 존경), 4) 어른이 즐기는 음식을 대접하는 것(음식 대접으로 하는 존경), 5) 어른의 명령과 지시에 순종하는 것(순종해서 하는 존경)이다.

이 다섯 가지 방식들을 참고로 하여 위에서 인용한 문장과 구절을 분석하기 시작하였다. 분석을 해 나가는 과정에서 이 다섯 가지 방식들이 모두 가려내어졌고, 또 이 방식들 외에도 새로운 존경 방식들이 발견되었다. 즉 기존 5가지와 비교하여 그 뜻과 행동적 표현이 다르고, 또 모든 분석자들이 새로운 존경 방식으로서 정하는 데 합의함으로써 선정된 것이다.

선정을 하는 과정에서 어른 존경의 행동적 표현을 내포한 문장, 구절 및 낱말이 발견될 때마다 분석자들은 제각기 그 뜻과 표현을 파악하여 기록하였다.

예로 보살핌으로 하는 존경의 경우 어른을 위한 보살핌과 어른에게 제공하는 서비스를 포함하는 다양한 방법들을 종합해서 '보살핌으로 하는 존경'으로 요약했다. 어른에게 적절 또는 타당한 언행(말과 행동)을 해야 한다는 문장에서 '적절한 말'이란 낱말을 어른을 존경하는 말—경어—로 해석하여 '경어로 하는 존경'으로 정하였다. 그리고 가족이 아닌 다른 노인을 존경해야 한다는 문장은 '이웃 노인에 대한 존경' 방식으로 이름 지었다.

대부분의 방식들은 문장과 구절에 내포된 뜻과 표현이 분명하고 구체적이어서 쉽게 가려낼 수 있었다. 한 번 이상 기록된 존경 방식에 대해서는 coding을 했다. 즉 식별된 방식은 yes, 그렇지 않은 것에는 no로 표시하였다.

분석자들은 각자가 식별해서 기록한 존경 방식들을 서로 교차 검정한 후 전원이 합의하는 방식들을 최종적으로 존경 방식으로서 선정하였다. 그런데 분석자들 전원이 13개 방식을 가려내어 최종 선정하는 데 합의했기 때문에 신뢰도를 측정하는 절차는 생략했다.

내용분석의 타당성도 대부분의 존경 방식들이 문헌에 기술되어 있는 그대로 선정되었고 또 존경에 대한 전문지식을 가진 분석자들 전원의 합의에 따라 선정되었기 때문에 성립된 것으로 보았다. 따라서 통계분석을 하지 않고 목측(eyeballing)으로 분석작업을 완료한 셈이다. 내용분석에 대한 좀 더 자세한 사항에 대해서는 저자의 논문(성, 2001)을 참고하기 바란다.

이러한 조사작업을 통하여 처음에 설정한 5가지 방식들 이외에 8가지가 더 식별되었다.

종합해서 아래와 같은 13가지 존경 방식을 찾아내었다(이들 13가지를 전통적 존경 방식이라 불렀다.)(<표 3> 참조).

* 보살핌으로 하는 존경(어른을 보살피고 어른에게 서비스를 제공하는 것)
* 순종을 해서 하는 존경(어른의 지시나 명령을 따르는 것)
* 음식대접으로 하는 존경(어른이 즐겨하는 음식을 대접하는 것)
* 선물로 하는 존경(어른에게 선물을 드리는 것)
* 경어로 하는 존경(어른과 대화를 하거나 서신을 교환할 때 경어를 사용하는 것)
* 외모를 갖추어 하는 존경(어른을 대할 때 단정하고 공손한 외모를 갖추는 것)
* 윗자리를 제공해서 하는 존경(존경의 뜻을 나타내는 자리나 역할을 제공하는 것)
* 축하를 해서 하는 존경(어른의 탄생일/생신을 축하하는 것)
* 인사를 해서 하는 존경(어른에게 인사를 하는 것)
* 먼저 대접해서 하는 존경(어른에게 서비스나 편의를 먼저 제공하는 것)
* 장례를 통해서 하는 존경(돌아가신 어른을 위해 경건히 장례를 올리는 것)
* 조상에 대한 존경(제사, 성묘, 기타 특별한 행사를 통해서 조상을 숭배하는 것)

* 이웃 노인에 대한 존경(이웃과 사회의 어른을 존경하는 것)

| 최근 연구에서 보고된 어른 존경 방식

제3단계에서는 조사 범위를 넓혀 근년에 행해진 경험적 조사들에서 나타난 존경 방식을 검토하였다. 이 조사들은 모두가 다음의 3가지 조건들을 갖추었다.

즉 (1) 어른 존경 방식을 조사하였음, (2) 동아시아 사람들을 조사대상으로 하였음, (3) 질적 또는 양적 조사를 위한 적절한 조사방법을 사용했음.

동아시아 사람들이 어른을 존경한다는 사실에 대해서는 이미 동서양의 학자들이 지적한 바 있다. 이들 중 Streib(1987), Harper(1992), Goldstein과 Ku(1993) 및 Sung(2007)은 중국 본토 사람들이 어른을 존경하는 데 관해서, Chow(1997)는 홍콩 사람들에 대해서, Meyer (1988)는 타이완 사람들, 싱가폴의 지역사회개발부(Ministry of Community Development, 1996)와 Mehta(1997)는 싱가포르 사람들, Takahashi (1995), Palmore와 Maeda(1997) 및 Sung(2007)은 일본 사람들, 그리고 Sung과 Kim(2003)은 한국 사람들의 어른 존경에 대해서 각각 조사하였다. 그러나 저자를 제외한 이들 모두가 존경하는 구체적 방식에 대해서는 체계적이고 계량적으로 조사를 하지 않았다.

어른 존경과 관련된 자료를 살펴본 결과 다음 4개 조사들이 위에 제시한 선정조건들을 모두 갖춘 것으로 나타났다.

Palmore와 Maeda(1985: 6 – 8, 17 – 28, 41, 81 – 100)의 보고는 일본 노인에 관한 설문조사 자료, 생활사정, 정부 및 민간사업, 노년학자들과의 면접 자료, 문예작품에 나타난 자료 등을 바탕으로 행한 질적 조사자료에 기초한 것이다.

Mehta(1997)의 연구는 중국인이 주종을 이루며 효 정책을 추진하는 싱가포르의 주민을 대상으로 초점집단(focus group) 방법을 사용해서 조사한 것이다. Ingersoll – Dayton과 Saentienchai(1999)도 역시 같은 방법으로 싱가포르, 대만, 필리핀 및 태국에서 도합 79개 초점집단들을 활용하여 조사했다.

그리고 Sung과 Kim(2003)의 보고는 한국인을 대상으로 어른 존경 표현방식 관찰 및 설문조사에서 얻은 자료를 바탕으로 한 것이다.

이 조사연구들은 조사방법 면에서 모두 경험적인 조사에 속한다. 그리고 모두가 동아시아 나라의 노인과 성인 집단들을 조사대상으로 하였고 어른에 대한 존경의 표현방식에 초점을 둔 연구들이다. 연구방법에서는 서로 다른 점이 있지만 우연히도 이 연구들 모두가 거의 같은 어른 존경 방식들을 식별해 내었다.

먼저 Palmore와 Maeda(1985)는 12가지의 표현방식을 지적하였다 (<표 3>). 이 중 두 가지(이들이 지적하지 않은 장례를 통한 존경과 의논을 통한 존경)를 제외하고는 모두가 그 의미나 표현들이 전통적 존경 방식들과 동일하다.

Mehta(1997)가 지적한 7가지 방식들 중 의논을 통한 존경을 제외한 6가지(<표 3>)는 고전적 방식들 중 상통하는 것들과 거의 같다. 싱가포르 사람들은 이 밖에도 여러 방식들을 사용하고 있지만 Mehta는 특히 이들 7가지를 강조한 나머지 다른 방식들은 지적하지 않은 것으로 보인다.

Ingersoll – Dayton과 Sangtienchai(1999)는 12가지 방식을 지적하였다(<표 3>). 이 중 의논을 통한 존경을 제외한 11가지는 전통적 방식들과 거의 같다. 이들은 장례를 통한 존경과 조상에 대한 존경은 지적하지 않았는데 대만 사람들과 싱가포르 사람들(대다수가 중국인)은 이 두 가지를 아직도 널리 실행하고 있다.

Sung과 Kim(2003)은 14가지 방식을 식별하였다. 이 방식들은 모두가 전통적 방식과 거의 같다(<표 3>).

〈표 3〉 어른 존경: 전통적 방식과 현대적 방식

| 어른 존경 방식 | 전통적 방식 | 현대적 방식 | | | | 지적한 연구들의 수 |
		Palmore & Maeda (일본)	Sung & Kim (한국)	Mehta (싱가포르)	Ingesoll – Dayton & Sangtienchai (대만, 싱가포르, 태국, 필리핀)	
* 보살핌으로 함	X	X	X	X	X	4
* 음식대접으로 함	X	X	X	X	X	4
* 선물을 제공해서 함	X	X	X	X	X	4
* 경어를 사용해서 함	X	X	X	X	X	4
* 외모를 갖추어 함	X	X	X	X	X	4
* 이웃 노인에게 함	X	X	X	X	X	4
* 의논을 해서 함		X	X	X	X	4
* 윗자리를 제공해서 함	X	X	X		X	3
* 축하를 해서 함	X	X	X		X	3
* 순종을 해서 함	X	X	X		X	3
* 인사를 해서 함	X	X	X		X	3
* 먼저 모셔서 함	X	X	X		X	3
* 조상을 숭배해서 함	X	X	X			2
* 장례를 올려 함	X		X			1

X: 지적된 방식을 나타냄.

이상의 4개 조사들이 제시한 결과에 기초하여 14가지로 이루어진 포괄적인 어른 존경 방식들의 세트를 갖출 수 있다(<표 3>).

이들 14개 존경 방식들('현대적 존경 방식'이라 부름) 중에서 7가지는 4개 연구들 모두에서 지적된 것이고, 5가지는 3개 연구들에서 지적되었다. 즉 12가지 형식이 4개 연구들 중 3개 연구들에서 지적된 셈이다.

이러한 결과는 이들 존경 방식들이 동아시아 사람들이 널리 사용하고 있는 방식들임을 알려 주고 있다. 두 가지 방식 — 조상에 대한 존경과 장례를 통한 존경 — 은 지적빈도가 낮다. 14개 중 의논을 통한 존경을 제외한 13개는 모두가 전통적 방식과 동일하다. 이 사실을 미루어 보아 현대적 존경 방식은 전통적 존경 방식에 반영된 어른 존경의 이념에 뿌리를 두고 있으며 동아시아에서는 전통적 어른 존경 이념이 그 강도에서는 약해졌으나 아직도 그 영향력이 지속되고 있음을 시사하고 있다. 지적빈도가 낮은 조상에 대한 존경과 장례를 통한 존경은 Palmore와 Maeda 그리고 Sung과 Kim의 연구들에서 지적되었는데 이 두 방식들도 오늘날 일본, 한국 및 중국에서 널리 행해지고 있는 존경 방식들이다.

일찍이 Silverman과 Maxwell(1978)이 식별한 7가지 방식들(윗자리 제공, 즐기는 음식 대접, 경어 사용, 공손한 외모 갖춤, 서비스 제공, 선물 제공 및 생일 축하)은 34개의 여러 사회들을 대상으로 조사한 결과 식별된 방식들인데 이 방식들 모두가 위의 동아시아 연구들에서도 발견되었다.

이상과 같이 본 연구는 보살핌으로 하는 존경에서 시작하여 조상에 대한 존경에 이르는 구체적이고 행동적인 여러 가지 존경 방식들을 가려내었다.

| 어른 존경 방식: 표현과 의미

현대적 존경방법들(14가지)을 표현하는 방식과 그 방법들이 갖는 일반적 의미를 다음에 약술한다.

* *보살핌으로 하는 존경*

어른의 마음과 몸을 보살피고 어른이 필요로 하는 서비스를 제공함으로써 표현하는 존경 방식이다. 예를 들어 개인적 보살핌을 제공하고, 영양식을 제공하고, 가사를 돕고, 건강을 돌보고, 사회적 서비스를 제공하고, 마음을 편히 해 드리고, 안락한 분위기를 마련해 드리는 것 등이다.

* *음식대접으로 하는 존경*

어른이 즐기는 식사나 음료를 대접하여 그분의 음식에 대한 기호와 취미를 존중하는 것.

* *선물로 하는 존경*

선물(예: 돈, 옷, 일용품, 기타 쓸모 있는 물건)과 혜택(예: 연설 또는 이야기를 할 기회, 회의나 모임을 주도하는 권한, 편의 등)을 제공하여 경의를 표하는 것.

* *외모를 갖추어 하는 존경*

존경을 나타내는 모습을 보이는 것으로서 의복을 단정하게 입고 예의 있고 존중하는 태도를 갖추는 것.

* *순종을 해서 하는 존경*

어른에게 경의를 표하여 순종하고 어른의 충고나 지시를 받아들이며 어른의 말을 귀담아 듣는 것.

* *경어로 하는 존경*

어른과 대화를 하거나 교신을 할 때 경어 또는 존댓말을 사용하는 것. 존경하는 정도는 신체적 동작은 물론 사용하는 말(명사, 동사, 전치사, 후치사, 구절, 문장)에서도 표현됨.

* *윗자리를 제공해서 하는 존경*

존경하는 뜻으로 윗자리나 조용한 방을 드리고 부모의 산소를 남향의 따뜻한 곳으로 잡는 것 등.

* *축하를 해 드려 존경하는 것*

탄생일이나 특별한 가족행사에서 축하해 드리는 것.

* *의논을 해서 나는 존경*

사회적 지위와 경험을 가진 어른과 개인적 일, 가정의 일, 지켜야 할 관습, 의식 등에 관해서 그분의 의견과 자문을 받아 존경을 표하는 것.

* 인사를 해서 하는 존경

절을 하거나 몸을 앞으로 굽히거나 두 손을 합장하여 인사를 하는 것.

* 먼저 대접을 해서 하는 존경

어른을 우선적으로 대접하는 것으로서 식사, 차 대접, 도움, 서비스 등을 먼저 제공하며 방, 목욕실, 자동차 등에 먼저 출입하도록 하는 것.

* 장례를 통해 하는 존경

어른이 작고한 후 상복을 입고, 곡을 하며, 장의사, 관 및 묘를 정성 드려 선정해서 장례와 매장을 경건하고 엄숙하게 해 드리는 것.

* 조상에게 하는 존경

적어도 3대에 걸쳐 조상의 기일(돌아가신 날)과 명절날에 제사를 올리는 것. 가족원들이 함께 음식을 정성껏 차리고, 조상의 지방과 사진을 향해 절을 하고 가족원들이 조상에 관한 이야기를 나누고 조상의 묘와 사당을 가꾸고 유지하는 것. 그리고 조상의 유업이나 조상의 소원을 성취하는 것.

* 이웃 노인을 존경하는 것

가족이 아닌 이웃 노인에게 보살핌과 서비스를 제공하는 것으로서 경로일과 경로주간을 지키고 어른들의 인권, 지위 및 안전을 위한 규칙을 지키고 지역사회 경로서비스와 어른을 위한 사회운동에 참여하고 버스나 지하철에서 자리를 어른에게 양보하고 무거운 것을 나르는 어른을 돕고 어른에게 차편을 제공하는 것 등.

위의 어른 존경 방식들에 대해서 다음 장에서 더 자세히 논의하게 된다.

| 시대의 흐름과 존경 방식의 변화

산업화와 도시화에 따른 사회변동으로 인하여 존경을 표현하는 방식도 수정되어 가고 있다. 그런데 존경 방식이 어떻게 어느 정도 빨리 변하고 있는가에 대한 체계적인 조사가 이루어지지 못하고 있다.

싱가포르대학 Mehta(1997) 교수의 연구보고에 의하면 존경의 뜻이 순종, 복종으로부터 공손, 친절로 변하고 있다고 한다. 그리고 대만, 싱가포르, 태국 등을 조사한 미시간대학의 Ingersoll – Dayton 및 Sangtienchai 교수들에 의하면 어른이 이야기할 때 이를 경청하는 것 — 그 이야기를 반드시 따른다는 것은 아니지만 — 을 요즘의 젊은이들이 존경 방식으로 사용하는 경향이 있다고 한다. Sung과 Kim(2003)에 의하면 어른을 찾아 의논하는 방식도 비교적 널리 사용되고 있다. 어른과의 의논은 어른과 젊은 사람들 사이의 열린 대화를 촉진하고 세대 간에 도움을 나누는 기회를 갖도록 한다. 앞으로 젊은 사람들이 공평한 또는 대등한 세대 간의 교환에 더 많은 관심을 가지게 되면 이 방식은 더욱 널리 사용될 것으로 보인다.

연장자나 선배에게 몸을 굽혀 절하는 대신 악수를 하는 경우가 눈에 뜨이게 많아졌다. 그리고 이웃과 사회의 노인들을 돕는 이웃모임과 자원단체들의 봉사활동이 동아시아 나라들에서 현저히 증대하였다.

근년에 일어나고 있는 이러한 일련의 변화는 대체로 새로운 시대적 동향을 반영하고 있는 것으로 보인다.

즉 기왕의 권위주의적이고 가부장적인 세대관계를 벗어나 더 평등주의적이고 상호 교환적 관계를 바탕으로 어른 세대와 젊은 세대가 서로 존중하는 방향으로 나가고 있다고 하겠다. 그리고 가족중심적으로 행해진 어른 존경이 이웃 노인과 넓은 사회의 어른들을 대상으로 하는 서비스로 확대되고 있다. 다시 말해서 동아시아 사람들은 사회적 변동에 따라 그들의 어른 존경 방식을 수정해 나가고 있는 것이다.

그러나 동아시아의 노년학자들은 존경의 표현이 달라지고는 있지만 어른 존경은 일본, 한국, 중국 그리고 홍콩, 대만, 싱가포르를 포함하는 중국인 사회에서 여전히 중요한 사회적 가치로서 남아 있으며 이 가치는 가족성원들 간 그리고 세대 간의 관계를 공고히 하는 힘이 되고 있다고 보고 있다(Chow, 1995; Meyer, 1988; Goldsteine & Ku, 1993; Harper, 1992; Xie, Defrain, Meredith, & Comb, 1996; Mehta, 1997; Singapore Ministry of Community Development, 1996; Ikels, 2004; Sung, 2001, 2007).

일본에서 노년연구를 한 Elliott와 Campbell(1993)은 동아시아 나라들 사이에 어른을 대접하는 데서 비슷한 점(유사성)이 있는 데 대해 다음과 같이 논하였다.

"한국과 중국의 문화적 맥락에서 볼 수 있는 부모 부양에 대한 자녀의 의무와 세대 간의 관계는 일본에서도 역시 볼 수 있다. 이러한 공통점이 있는 이유는 이들 동아시아 문화권에 속하는 세 나라들이 유교의 윤리적 가치인 효로부터 영향을 받았기 때문이다."

동아시아 나라들에서 볼 수 있는 이러한 공통적인 문화적 영향은 아직도 작용하고 있는 것이 사실이다. 미국노년사회학의 석학 Streib(1987) 교수는 그의 중국연구에서 중국인들은 어른을 만나면 '자동적'으로(automatically) 경의를 표시한다고 했다. Palmore와 Maeda(1985)는 일본인이 어른과 선배를 존경하는 관습은 일본의 사회구조 깊숙이 뿌리박혀 있다고 했다. 그리고 Sung(1998)은 대부분의 한국인들은 어릴 때부터 부모, 선생 및 연장자를 존경하도록 교육받고 있다고 했다. 이러한 어른 존경에 대한 관점들 — 사회적 행위, 사회적 구조 및 사회화 — 은 과거보다는 약해졌으나 이들 어른 존경 방식들이 동아시아의 문화적 맥락에서 여전히 실천되고 있음을 지적하고 있다.

| 논 의

본 연구는 14가지의 어른 존경 방식들을 가려내었다. 이러한 여러 가지 방식들을 실천함으로써 어른에 대한 존경을 포괄적으로 표현할 수 있다고 본다. 사실 동아시아 사람들은 여러 세대에 걸쳐 이러한 방식을 실천함으로써 어른을 존경해 왔다.

본 연구에서는 현대적 존경 방식들이 의미하는 바와 표현되는 방식이 전통적 존경 방식들의 의미 및 표현과 거의 같게 나타났다. 따라서 Streib(1987) 교수가 지적한 바와 같이 어른 존경과 관련된 가치, 규범 및 사회적 역할은 여러 세대에 걸쳐 지속되는 문화적 특성이라고 볼 수 있다.

대체로 존경 방식들을 두 가지 형태로 분류할 수 있다. 하나는 서비스를 통해 존경하는 행동 또는 행위이다. 예로 보살피는 것, 서비스를 제공하는 것, 식사를 제공하는 것, 선물을 제공하는 것, 가사를 돌보는 것 등의 행위이다. 다른 하나는 상징적인 뜻을 가진 존경이다. 예로 경어를 사용하는 것, 공손한 외모를 갖추는 것, 순종을 하는 것, 윗자리에 모시는 것, 먼저 대접하는 것, 축하를 해 드리는 것 등이다. 이들 두 가지 유형들을 합쳐 어른에 대한 존경을 종합적으로 표현할 수 있다.

보살핌(care 또는 caring)으로 하는 존경이 14가지 방식들 가운데 하나라는 것은 뜻깊은 일이다. 서양의 학자들(Downie & Telfer, 1978; Dillon, 1992)이 논하는 바에 의하면 존경은 단순히 느낌 또는 감정의 차원이 아니 다른 사람에 대한 실제적 관심을 의미하며 이는 남을 보살피는 행위와 직접 관련되어 있다.

이 학자들은 다른 사람을 보살핀다는 것은 바로 다른 사람을 존경하는 중요한 방식들 가운데 하나라고 규정하고 있다. 즉 보살핌은 존경의 일부라는 뜻이다. 그렇다면 이 서양 학자들이 논한 바와 본 연구에서 발견한 동아시아적 존경 방식(보살핌이 중심적 존경 요인임) 사이에는 공통점이 있다고 할 수 있다.

보살핌으로 하는 존경은 사회복지 및 의료 서비스와 밀접한 관련이 있다. 만성질환으로 와상 중인 노령의 환자를 보살피는 일은 매우 어려운 서비스이다. 이러한 노령환자는 서비스제공자에게 거의 완전히 의존하고 있다. 인생의 종말 단계에 있는 이분이 품위 있는 여생을 살도록 돕고 이분에게 인도적 서비스를 제공한다는 것은 가족과 인간봉사 전문인(의사, 간호사, 사회복지사, 기타 서비스 제공자들)이 어른과 환자를 존경하는 전문직적 사명감을 갖고 실행해야 하는 중요한 역할이다.

본 연구에서 참조한 4가지의 기존 연구들은 상이한 연구자들이 상이한 동아시아 사람들을 대상으로 상이한 지리적 장소에서 이루어졌다. 그럼에도 불구하고 이들은 모두가 유사한 존경 방식을 반복해서 발견한 것이다.

이와 같이 이 연구들은 한 짝의 비슷한 존경 방식들을 구별해 내었다. 즉 다양한 연구들이 단일한 총괄적 결과를 산출한 것이다.

그러나 이들 연구는 모두가 제한점을 가지고 있다. 즉 표본의 크기가 작고 표본을 무작위가 아닌 의도적 방법으로 추출하였고 조사도구가 지역에 따라 달랐고 어른 존경에 영향을 끼칠 수 있는 환경적 변수들을 체계적으로 다루지 않았다. 그리고 중국 본토의 중국인에 대한 자료가 포함되지 않았다.[중국인들의 어른 존경에 대한 조사는 필자가 중국 본토에서 행하여 2007년에 발간된 저자의 "Respect and care for the Elderly: The East Asian Way"(The University Press of America)에서 발표하였다.]

본 연구에서 가려낸 보살핌으로 하는 존경에서부터 조상에 대한 존경에 이르는 다양한 방식들은 앞으로 어른 존경을 측정하는 도구를 개발하는 데 도움이 될 수 있을 것으로 기대된다.

이 중 어떤 존경 방식들은 시간이 흐름에 따라 달라질 수 있다. 오늘날 중요하다고 보는 방식도 내일에 가면 그렇지 않을 수 있는 것이다. Mehta(1997), Ingersoll – Dayton과 Sangtienchai(1999) 및 Sung(2007)의 연구결과가 시사하는 바와 같이 존경 방식의 변화는 계속될 것으로 보인다. 사회변동이 존경에 미치는 형태와 정도 그리고 존경 방식의 변화가 노인의 안녕에 미치는 영향에 대해서 계속 조사가 행해져야 하겠다.

어른 존경에 관한 비교 문화적 연구는 본 연구에서 소개한 조사들 이외에 아직은 거의 없는 실정이다. 다른 문화권에서도 어른 존경을 하고 있겠지만 존경을 하는 방식에서는 우리와 차이가 있을 것으로 본다. 어른 존경의 비교 문화적 연구에 대해서는 제6장에서 논의한다.

모든 종교 ― 불교, 기독교, 이슬람교 등 ― 는 어른을 존경해야 한다고 가르치고 있다. 불교는 부모를 존경해야 한다고 여러 불경에서 교시하고 있다. 중국을 비롯한 동아시아 나라들에서 널리 애독되어 온 「부모은중경」에서는 부모 ― 특히 어머니 ― 의 은혜를 자녀가 깊이 깨닫고 이에 대한 보답으로 어머니를 존경해야 한다고 가르치고 있다.

기독교에서는 어른 존경이 신학이론의 뿌리가 되고 있다. 십계명의 다섯 번째 계명은 바로 어른 존경에 대한 가르침이다. 그리고 "네 부모를 공경하라 그리하면 너의 하나님 나 여호와가 네게 준 땅에서 네 생명이 길리라"(출애굽기 20:12)라는 말씀이 성경에 들어 있다. 이슬람교도 부모와 어른 존경에 대해 구체적으로 예를 들어 가르치며 불교와 기독교에 못지않게 부모 존경을 강조하고 있다. 이러한 종교적 교시는 유교의 효에 대한 가르침과 상통하는 것이다.

이 장에서 분석한 4개 연구들에서는 사람들이 남자 어른과 여자 어른을 존경하는 데 있어 어떠한 차이가 있는지에 대해 논급하지 않았다. 그런데 동아시아에서는 일반적으로 여성(어머니)이 남자(아버지)보다도 더 존경받는 것으로 알려져 있다. 이러한 차이는 아마도 동아시아 가족 내에서 자녀와 어머니 사이의 공생관계 때문에 생기는 것으로 볼 수 있다.

그러나 기타 존경 방식에 있어서는 대부분이 상징적인 표현(경어로 하는, 의논으로 하는, 순종으로 하는, 외모를 갖추어 하는, 윗자리를 제공하는, 인사로 하는, 사회 노인에게 하는 존경)을 통해 남자 어른이 여자 어른보다 더 존경받는 것으로 보인다. 이러한 차이는 부분적인 이유이기는 하지만 동아시아 나라들의 사회구조 안에서 아직도 남자가 자원과 사회적 영향력을 여자보다 더 많이 점유하고 있기 때문인 것으로 보인다.

그런데 특별한 업적과 많은 재산을 가진 어른들이 여전히 상징적인 방식으로 더 존경받는 경향이 있는 것이 사실이다. 남녀 어른에 따른 차이 그리고 명성과 재력을 가진 어른과 이를 안 가진 어른 사이의 어른 존경상의 차이에 대해서 연구가 있어야 하겠다. 이러한 사회적 계층 및 신분 여하에 따른 어른 존경상의 차이는 사회적 관심사가 될 것으로 보기 때문이다.

앞으로 젊은 세대는 존경 방식을 시대의 흐름에 따라 수정해 나갈 것으로 보인다. 다가오는 시대에 이들은 어느 정도로 어른 존경에 대한 사회적 가치를 존중하고 유지해 나갈 것인가? 이러한 사회적 가치가 과연 계속해서 그들 다음 세대로 전해져 나아갈 것인가? 이 과제는 오늘의 성인세대가 어른을 존경하는 가치를 다음 세대로 전수하기 위해 어느 정도로 노력과 시간을 투입하느냐에 크게 달려 있다고 본다.

전 세계적으로 적용되는 공통적인 존경 방식은 어떤 것이며 문화권에 따라 달리 사용되는 방식은 또 어떤 것일까? 이 질문에 대한 답을 얻기 위해서는 비교 문화적 연구가 있어야 한다. [비교 문화적 연구에 대해서는 제6장에서 논의한다.]

예를 들어 미국 같은 다른 문화권으로 이민을 간 동아시아 사람들의 이민 제1세대, 제2세대, 제3세대에 걸쳐 그들이 그곳으로 가지고 간 어른 존경의 전통과 가치를 서양문화권에서 어느 정도로 간직해 나가고 있느냐에 대해 조사해 보는 것도 좋을 것이다.

이와 비슷한 과제에 대해 논급한 학자들도 있다(Kim & Kim, 1991; Liu, 1986). 이민 제1세대는 전통적인 동아시아의 가족 중심적 관습 — 효도, 가족원들 간의 상호 지원 등 — 을 지키고 있지만 미국 문화 속에서 사회화된 다음 세대인 그들의 자녀는 부모와 같은 정도로 이 동양적 가치를 따르지 않는 경향을 보이고 있다.

앞으로 개인이 어른 존경을 위해 투입하는 시간, 자원, 신체적 노력에 따라 존경의 질과 정도가 어떻게 달라지는가에 대한 연구도 있어야 하겠다.

4장

어른 존경의 방식과 실천

앞 장에서 가려낸 14가지의 어른 존경 방식들의 일반
적인 의미와 이 방식을 실천에 옮기는 데 대해
서 기술해 보고자 한다. [여기에서 말하는 '어른'은 부모, 친척 어른,
이웃 노인, 선생님, 직장의 어른, 사회의 노인을 모두 포함한다.]

* *보살핌으로 하는 존경*

어른의 마음과 몸을 다 같이 보살핌으로써 실행하는 존경의 방
식이다. 즉 어른을 보살피고 그분이 필요로 하는 도움과 서비스를
제공함으로써 표현하는 존경이다.

첫째는 마음을 보살피는 것으로서 흔히들 정서적 케어(care)라고
도 하는데 예를 들어 어른의 마음을 편히 하고, 어른을 즐겁게 하
고, 어른의 걱정을 들어 드리고, 동정을 하고, 어른이 하는 일에 대
해서 걱정을 해 드리고, 안락한 분위기를 마련해 드리는 것들이다.

둘째는 수단적 보살핌(케어)을 제공함으로써 존경을 표시하는 것
이다. 예로 어른의 식사를 시중하고, 어른의 옷을 손질해 드리고,

어른의 가사를 돕고, 어른의 목욕을 돕고, 어른의 대소변을 돌보아
드리고, 어른이 편치 않을 때 의료기관에서 치료를 받도록 주선하
고, 그분의 용돈을 마련해 드리는 등의 보살핌 또는 서비스를 제공
하는 것이다.

이렇게 보살핀다는 것이 어른 존경의 대표적인 내용으로 나타난
사실은 곧 효의 핵심이 부모와 어른을 보살피고 지원하는 것임을
조명해 주는 것이다.

다음 장에서 논의하겠지만 동서양의 명현들과 석학들도 보살핌
은 곧 존경을 뜻한다고 규정하였다. 그렇기에 우리나라에서 효행상
을 받은 사람들의 모두가 부모와 어른을 모범적으로 보살피고 부
양했다는 이유로 그런 사회적 칭찬을 받은 것이다. 이렇게 존경과
보살핌이 밀접히 연계되었다는 사실을 고령자와 장애인을 치료하
고 간호하는 가족과 인간봉사자들(의사, 간호사, 사회복지사 등)이
더 잘 이해해야 한다고 본다.

* *음식대접으로 하는 존경*

어른이 즐기는 식사나 음료를 대접하여 그분의 음식에 대한 기
호와 취미를 존중하는 방식이다. 즉 어른의 식성에 맞추어 음식을
장만해 드리는 것이다. 동아시아 문화에서는 매우 중요시되는 어른
존경 방식이다.

우리 사회에서는 다른 사람들과 음식을 나누어 먹는 관습이 오
랜 세대에 걸쳐 전해 내려왔다. 이웃은 물론 지나가는 손님에게도
음식을 정중히 대접하는 것이 하나의 인정이요 도리인 것으로 되
어 왔다. 이런 대접은 유교, 불교, 기타 종교가 옛적부터 가르쳐 온

덕행이요 선행이다.

사람들이 가장 반가워하는 것 중의 하나가 좋아하는 음식을 대접받는 것이다. 특히 노년기에는 신체적으로나 경제적으로 좋아하는 음식을 자유로이 찾아다니는 기회가 줄어든다. 따라서 연로한 분들에게 그분들이 즐겨하는 음료와 식사를 대접한다는 것은 존경의 표시가 되고도 남는다.

즉 연로한 분에게는 자기가 즐기는 음식을 대접받는 것이 하나의 낙이요 기쁨이다. 부모님에게 저녁식사로 무엇을 어떻게 요리해서 드리면 좋겠느냐 물어보고 그분들이 원하는 대로 준비해서 드린다는 것은 노부모에게는 매우 반갑고 만족스러운 대접이 되는 것이다.

젖먹이 때부터 성인이 될 때까지 부모로부터 오만 가지 좋은 음식을 받아먹고 자라난 자녀들이 노인이 된 부모에게 이러한 음식 대접을 한다는 것은 당연한 일이며 부모로부터 받은 그 큰 은혜의 극히 일부를 갚는 것이다.

그래서 중국, 한국 및 일본의 효행 이야기들에는 거의가 노인에게 그분이 원하는 음식을 애써 마련해서 대접했다는 구절이 들어 있다.

다시 말해서 우리 동아시아 문화에서는 예부터 어른에게 음식 대접을 하는 것이 하나의 중요한 가족 및 사회생활의 일부로 되어 왔고 이것이 어른을 존경하는 하나의 대표적인 방식이 되었다.

* *선물로 하는 존경*
선물(예: 돈, 옷, 일용품, 기타 쓸모 있는 물건)과 혜택(예: 연설

또는 이야기를 할 기회, 회의나 모임을 주도하는 권한, 편의 등)을 제공하여 경의를 표시하는 것이다.

어른의 집을 방문할 때는 미리 연락을 하고 가능하면 간단한 선물을 가지고 가는 것이 바람직하다.

어른에게 하는 선물은 애정의 표시임은 물론 그분들을 지원, 원조하는 뜻이 들어 있을 뿐만 아니라 어른을 존경하는 뜻이 포함되어 있다. 일반적으로 연로한 어른들은 사회에서 은퇴하여 수입과 사회활동이 없이 생활하는 분들이다. 따라서 여러 가지 물건이 필요하다.

그래서 이분들에게는 돈을 포함한 쓸모 있는 물질적인 것을 선물하는 것은 매우 반갑고 고마운 것이다. 특히 요즘 돈은 생활필수품으로서 애정과 보살핌을 표현하는 수단이고 은혜를 갚으려는 뜻의 표현이 되었다.

부모가 연로해지면 그동안 지원을 받아오던 자녀가 부모를 지원하게 되는 순환적인 절차가 이어진다.

선물의 또 하나의 형태는 모임에서 좌장이나 결혼식의 주례를 하는 역할을 제공하는 것이다. 이런 비물질적 선물도 노인들이 반가워하며 그분들을 존중하는 방식이 된다.

이러한 존경 방식도 우리 사회에서는 여러 세대에 걸쳐 전해 온 문화적 관습이다. 그리하여 어른과 윗사람에게 선물을 드리고 존경할 역할을 맞게 하는 것은 우리 생활의 일부가 되었다.

* *외모를 갖추어 하는 존경*
존경을 나타내는 모습을 보이는 것으로서 예의 있고 존중하는

태도와 모습을 갖추어 존경하는 방법이다.

동양문화에서는 의식적이고 형식적인 생활면을 중요시해 왔다. 조상에게 의식절차를 갖추어 제사를 올리고 어른에게 단정하게 절을 하고 존대하는 말을 사용하고 공손한 태도를 갖추는 등의 행동은 모두가 예의 있는 말, 행동, 모습으로 나타내는 형식적 또는 의식적인 존경 방식이다.

그래서 어른(부모, 노령의 친척, 선생, 직장의 장, 기타 윗사람)을 만날 때는 가능하면 옷을 단정하게 입고 그 옷도 드러나게 화려하거나 사치스러운 것이 아니고 머리도 잘 빗고 화장도 보통으로 하고 공손하고 단정한 모습을 갖추는 것이 어른 존경을 표하는 방식이 되고 있다.

어른들이 반가워하지 않는 모습이나 태도는 피하고 그분들이 편한 마음으로 대할 수 있는 자세를 가짐으로써 존경의 뜻을 나타내는 것이다. 외모는 그 사람의 마음가짐을 나타낸다는 말이 있듯이 다른 사람을 존중하는 마음이 있으면 외모도 단정하고 예모가 있어야 하는 것이다.

* *순종을 해서 하는 존경*
어른의 말이나 지시를 따르고 어른의 뜻에 따르는 방식으로 경의를 표하는 것이다.

한국인들이 어른을 존경하는 전통적 방식들 가운데 가장 중요한 것이 어른의 말씀을 잘 듣고 이를 따르는 것이다. 다시 말해서 어른을 존경하는 데는 어른의 명령 또는 지시 사항을 따라 행동을 하고 어른이 하는 말씀을 귀담아 듣는 방식이 있다. 동아시아 나라들

— 한국, 중국, 일본 — 은 오랜 세월 동안 유교문화의 영향을 받아 어른과 윗사람을 존경하는 관습을 지켜 왔다.

개인의 인권을 존중하고 모든 사람이 동등한 권리를 가지는 현대사회에서도 대다수 한국인들이 여전히 이러한 전통적 관습을 실천하고 있다.

오랜 세대에 걸쳐 이 관습을 중요하다고 보아 왔고 이런 관습에다 가치를 부여하고 가족생활, 사회생활에서 실행해 나오다가 이제는 일상생활화한 것으로 볼 수 있다. 어른의 말을 따르는 관습은 자녀와 젊은이가 부모, 선생, 선배, 지도자의 생활관, 행동양식, 그리고 업적을 모방하고 뒤따르는 관행에도 나타나 있다.

그러나 오늘날 진보적인 어른들은 무조건 젊은 사람들에게 순종을 요구하지 않고 자기들 스스로 젊은 사람들의 모범이 되고 이들에게 도움이 되는 일을 해서 이들이 자기들을 따르도록 하는 경향을 보인다. 즉 순종을 사고 참다운 마음에서 우러나는 존경을 받는 것이다. 앞으로 세대 간의 관계가 교환적이고 평등한 방향으로 진전됨에 따라 이렇게 어른 측에서 순종을 사는 방식은 시대적 변화에 맞는 것이라고 볼 수 있다.

* *경어(존댓말)를 사용해서 하는 존경*

어른과 대화를 하거나 교신을 할 때 경어 또는 존댓말을 사용해서 존경을 표하는 방식이다.

존경하는 정도는 어른과 대화할 때 가지는 신체적 동작에 나타나기도 하지만 어른을 상대로 사용하는 언어(명사, 동사, 전치사, 후치사, 구절, 문장)로서도 표현된다.

동아시아 사람들은 어른에게 하는 말과 글에서 존경하는 낱말, 구절, 문장을 매우 다양하게 사용하는 문화적 특징을 가지고 있다. 그래서 서양 사람들이 한국어, 중국어, 일본어를 배우는 데 있어 가장 어려워하는 것이 바로 이 경어 사용 방법을 배우는 것이다. 게다가 경어를 사용하는 방식도 매우 다양하여 어른에게 하는 것, 선배에게 하는 것, 직장 윗사람에게 하는 것, 경사 때 하는 것, 초상 때 하는 것 등 변화와 미묘한 표현이 많고 표현하는 스타일도 다양하다.

어른과의 가족관계 및 사회관계에 따라 부르는 호칭이 달라야 한다. 호칭은 상대하는 사람을 가리켜 말하는 명칭이다. 호칭은 상대방의 가족(인척) 관계, 연령, 사회적 지위에 따라 다를 수 있기 때문에 우리 사회에서는 서양과 달리 어른과 대화나 통신을 할 때에는 언어를 매우 조심스럽게 사용해야 한다.

특정한 예로, 어른을 직접 부를 때, 돌아가신 어른을 부를 때, 나 자신에 대해서 어른에게 말할 때 각각 그 호칭이 다르다. 그리고 아버지를 직접 부를 때, 다른 어른 앞에서 자기 아버지를 부를 때, 사돈어른을 부를 때, 직장의 윗사람을 부를 때, 모르는 어른을 부를 때 그 호칭이 또한 다르다. 가장 흔히 사용되는 호칭으로서 아버님, 어머님, 선생님, 부인, 박사님, 반장님, 위원장님 등을 들 수 있다.

이러한 호칭을 사용하는 데 있어서도 상대방을 존경하는 의미가 담긴 소리로 해야 한다. 즉 언어 예절을 지켜야 한다.

경어를 사용하는 데 있어 또 한 가지 유의할 점은 말을 할 때 어른이 알아듣기 쉽도록 하고 고운 말과 교양 있는 말을 해야 한다.

과거보다는 엄격하지는 않지만 여전히 경어의 사용을 중요시하고 있다. 사람들의 경어를 사용하는 것을 보고 흔히 그 사람의 가족배경과 교육 정도를 평가하는 경향이 있다.

서양 사람들은 경의를 표시하는 데 주로 어른의 성(이름이 아닌)과 호칭(선생, 부인, 박사, 목사/신부, 의장, 위원장 등)을 붙여서 부르는 것이 끝이지만 동아시아 사람들은 이에 겹쳐 위에서 지적하였듯이 다양한 경어를 사용한다. 우리의 언어 속에는 어른을 존경하는 뜻과 표현이 들어박혀 있는 것이다.

어른이 알아듣기 쉬운 말, 전문용어가 아닌 언어를 사용해야 한다. 그리고 존경하는 마음이 말 속에 담기도록 조용하고 부드러운 말을 정확하게 해야 한다.

다음에 특히 어른과 대화를 할 때에 유의할 사항들을 몇 가지 적어 보고자 한다. 이 사항들은 모두 어른을 존중하는 말의 표현과 연관된 것이다.

노인은 일반적으로 말하는 것이 더디고 한 말을 되풀이하며 어떤 것에 대해 길게 이야기하는 경우가 흔히 있다. 그러나 어른의 말이 답답하고 지루하여도 그분을 존경하는 뜻에서 긍정적으로 받아들이며 다음과 같은 사항에 유의하는 것이 좋다.

 * 어른과 대화하는 동안 부드러운 표정으로 조용하게 말을 한다.
 * 바른 자세로 공손하게 말을 이어 간다.
 * 어른이 이해할 수 있도록 쉬운 말로 천천히 조리 있게 말한다.
 * 듣는 분의 눈을 똑바로 보고 자기 의견이 잘 전달되도록 가벼운 눈짓과 손짓을 적절히 섞어 가며 말을 해 나간다.

* 어른이 말할 때 귀를 기울이는 자세를 취한다.
* 어른이 하는 말을 이해하기 위해 노력하는 태도와 행동을 한다.
* 어른이 말하는 도중에 끼어들지 않으며 어른이 말을 끝내기를 기다린다.
* 어른에게 질문할 때에는 그분의 양해를 정중히 구한 다음에 한다.
* 대화 도중에 자리를 떠야 할 때는 정중히 그분의 양해를 구한다.

어른에게 전화를 할 때 유의할 점 한두 가지를 들어보겠다.

노인은 흔히 청력이 약해져 다른 사람의 말을 명확히 듣지 못하는 경우가 많다. 따라서 노인 어른과 대화를 할 때는 그분이 어느 정도 다른 사람의 말을 들을 수 있는가를 파악해서 내가 할 말의 크기와 속도를 조절해야 한다. 그리고 통화할 요건들을 미리 정리해서 가능한 한 짧게 통화를 한다. 먼저 상대하는 노인 어른에게 정중히 인사를 하고 용건을 말한다. 할 말을 마치고 전화를 끊는다고 말한 다음 인사를 하고 통화를 끝낸다.

* *윗자리를 제공해서 하는 존경*

존경하는 뜻으로 윗자리나 조용한 방을 드리고, 부모의 산소를 남향의 따뜻한 곳으로 잡는 것 등의 생활공간과 연관된 존경 방식이다.

어른에게 앞, 위 또는 높은 자리, 가운데 자리, 그리고 안전하고 따뜻하며 편리한 자리를 제공하고 또 그분들이 원하는 자리에 앉도록 함으로써 경의를 표하는 것이다. 이렇게 자리의 배정을 통해서 어른에게 경의를 표하는 방법은 서양사회에서도 볼 수 있다.

그러나 서양에서는 주로 모임이나 회의에서 이러한 방식이 사용되는 경향이지만 우리 사회에서는 가정 및 사회생활 속에서 일상적으로 이런 방식을 중요한 존경방법으로 넓게 실천하고 있다.

우리는 어릴 때부터 어른에게 윗자리를 제공하는 것을 하나의 생활 관습으로 관찰하며 실천해 나온다.

그래서 흔히 연로한 어른에게 따뜻한 방, 조용한 방, 화장실에 가까운 방을 제공한다.

우리는 조상의 묘를 쓰는 데 무척 정신적 및 물질적 노력을 기울이는데 가능하면 남향이고 물이 잘 빠지며 경치가 좋은 곳에 조상의 유체를 모시는 것을 자녀의 도리로 삼아 왔다. 한국인은 묏자리를 정하고 집터를 잡는 데 다른 어떤 민족보다도 더 많은 에너지를 투입하는 문화적 관습을 가지고 있다.

축하를 해 드려 존경하는 것
부모의 탄생일이나 특별한 가족행사에서 축하를 해 드리는 것.

가족 행사 가운데서 부모의 60회 또는 70회 탄생일은 특히 중요하게 다루어진다. 이런 생일은 부모가 고령이 되어 그분들의 일생에서 중요한 전환점이 되는 시점이다. 그래서 가족들은 이때를 축하할 겸 나이를 더하신 부모를 위로하는 뜻에서 축하행사를 한다. 부모뿐만 아니라 다른 가족의 생일에도 부모를 중심으로 가족이 함께 서로 축하하고 격려하며 위로하는 모임을 일 년에 수시로 가진다. 이렇게 축하행사를 하는 것은 부모에 대한 존경을 정서적이고 표면적으로 나타내기 위한 것이다.

* *의논을 통한 존경*

어른의 사회적 지위와 경험을 존중하여 개인적 일, 가정의 일, 지켜야 할 관습, 의식 등에 관해서 이분들과 의논하는 것.

어른과 의논을 함으로써 젊은 사람은 엄연히 그 어른에 대한 존경의 뜻을 표할 수 있다. 의논은 서로 의견을 주고받는 교환적인 성격을 가진다. 따라서 어른과 젊은 사람 양편이 참여해서 진행되는 대인관계이다. 이 관계에서 양편이 모두 혜택을 받을 수 있다. 젊은 사람은 도움이 되는 조언과 지원을 받을 수 있고 어른은 그분들의 사회적 지위를 존중받고 또 그분들의 지식과 경험이 젊은 사람에게 도움이 된다는 데 보람을 느낄 수 있다.

* *인사를 해서 하는 존경*

절을 하거나 몸을 앞으로 굽히거나 손을 맞잡거나 두 손을 합장하여 인사를 하는 방식이다.

어른을 만나게 되어 반갑고 기쁘다는 심정과 그분을 존경한다는 표정을 나타내는 행동이 곧 인사가 된다.

어른을 만나며 허리를 굽혀 안부를 물으면서 인사를 한다. 인사의 일부로서 어른과 악수를 할 경우에는 어른이 먼저 악수를 청할 때 아랫사람은 이에 응해서 악수를 하는 것이 관례이다.

우리 문화에서는 인사의 대표적 방식이 절을 하는 것이다. 절을 할 때는 흔히 몸을 굽힌다. 이 방식은 몸의 동작으로 표시하는 존경이다.

절을 받는 어른은 이에 응해서 절을 하는 사람에게 답례로 절을 해 주기도 한다. 존경 대상이 되는 어른에게 몸을 굽히는 동작은 존경의 정도가 높을수록 더 굽히고 또 절하는 동작을 몇 번이고 반복하기도 한다.

절로 경의를 표시하는 방법은 서양 사람들도 종교적 의식이나 특별한 경우에 사용하고 있으나 일상적으로 사용하는 경우는 드물다. 고개를 숙이고 허리를 굽혀서 표현하는 방식은 동아시아 사람들의 독특한 존경 방식이며 이들의 생활문화 속 깊이 뿌리박혀 있는 관행이다.

이 밖에 손을 맞잡는 동작(공수) 그리고 최근 널리 행해지고 있는 악수가 있다.

어느 방식이든 존경의 대상을 만나면 시기를 놓치지 않고 곧 실행해야 한다. 그리고 절이나 악수를 할 상대방을 똑바로 쳐다보고 목례(눈으로 예의를 표시하는 것)를 하고 절을 해야 한다. 무엇보다도 존경은 마음에서 우러나는 경의를 표시하는 행동이다. 따라서 이 행동을 그러한 마음씨가 나타나도록 성의 있고 진실하게, 그리고 때에 맞게 표현하는 것이 중요하다.

우리의 전통 예식에는 여러 가지 예의를 표현하는 방식들이 있는데 여기에서는 생략하고 일상생활에서 많이 사용하는 일반적 방식에 대해서만 간략히 기술하였다.

* *먼저 모셔 하는 존경*

어른을 우선적으로 대접하는 것으로서 식사, 차 대접, 도움, 서비스 등을 먼저 제공하며 방, 목욕실, 자동차 등에 먼저 출입하도록 하는 것.

아랫사람 혹은 젊은 사람은 어른이 식사를 시작하면 이에 뒤따라 식사를 한다. 즉 어른이 수저를 들고 나면 나의 수저를 든다. 새로운 음식이 있으면 이를 어른에게 먼저 권한다.

나 자신보다도 어른에게 먼저 혜택이나 편의가 가도록 함으로써 존경을 표시하는 것이다. 이 방식은 동아시아문화권에서 매우 중요시되고 있다. 대다수 어른들은 이렇게 먼저 대접을 받는 것을 자기들의 인격을 존중해 주고 사회적 지위를 받들어 주는 행위로 본다.

* *장례를 통해서 하는 존경*

자녀의 일생에서 부모를 존경하는 가장 중요한 행사의 하나이다. 어른이 작고한 후 상복을 입고, 곡을 하며, 장의사, 관 및 묘를 정성들여 선정해서 그분을 위해 장례와 매장을 엄숙하고 경건하게 해 드림으로써 고인에 대한 존경을 표현하는 방식이다.

그리고 다른 사람의 장례 시 문상을 할 때는 평생 가족과 사회를 위해 애쓰고 돌아가신 어른을 추모하면서 상주들의 효성에 경의를 표하는 마음으로 조의를 표한다.

* *조상에게 하는 존경*

적어도 3대에 걸쳐 조상의 기일과 명절날에 제사를 올리는 것.

가족 성원들이 함께 음식을 정성껏 차리고 조상의 지방과 사진을 향해 절을 하고 제사가 끝난 뒤에 가족들이 조상에 관한 이야기를 나누면서 조상에게 감사한다. 조상의 묘와 사당을 가꾸고 조상이 이루지 못하고 남겨둔 사업과 조상의 소원을 성취하는 것은 모두 조상에 대한 존경을 표시하는 것이다.

* 이웃 노인을 존경하는 것

가족이 아닌 다른 노인에게 보살핌과 서비스를 제공하는 것으로
서 경로일과 경로주간을 지키고 어른들의 인권, 지위 및 안전을 위
한 규칙을 존중해서 지키고 지역사회 경로서비스와 어른을 위한
사회운동에 참여하고 버스나 지하철에서 자리를 어른에게 양보하
고 무거운 것을 나르는 어른을 돕고 어른에게 차편을 제공하는 것
등의 방식들이다.

이 모든 어른 존경 방식들은 외면적으로만 행해서는 참다운 존
경이 못 된다. 존경은 마음속으로 정성을 들여서 행해야 되는 예
(禮)이다.

예는 사람이 다른 사람을 대할 때 마땅히 가져야 할 올바른 태
도와 행위를 뜻한다. 이 점은 다음과 같은 송복(1999) 교수의 예에
관한 논의에서 설명이 되고 있다.

"예(禮)는 형식적인 면뿐만 아니라 내면적인 면까지 다 포함되어
있다. 외면적, 형식적으로 지키기만 해서 되는 것이 아니라 내면적,
마음속으로까지 깊이 수용해서 내용과 형식이 어우러져야 하는 것
이다. 이 양면이 모두 조화, 균형이 되어 합일의 상태로 되어야 예
라는 것이 이루어지는 것이다. 이렇게 해서 성립된 예는 마음과 행
위 양면에서 공히 지켜지는 원칙이며 준칙이 된다. 따라서 예는 심
성의 차원에서나 행위의 차원에서나 한 가지로 나타나야 한다. 심
성의 작용과 행위의 형태 양면이 예를 따르는 한 보편적으로 적용
되는 것이다."

자식으로서 효도를 해야 한다는 의식은 한국 사람의 마음속에
잠재되어 있다. 우리의 잠재의식을 가장 강하게 지배하는 것이 바

로 이 효라고 할 수 있다. 그러나 효는 전통사회에서나 현대사회에서나 실천하기가 어렵다(송복, 1999).

마찬가지로 효의 대표적인 차원인 어른 존경을 하는 것도 사람마다 해야 한다고 생각은 하지만 위에 논한 바와 같은 내용과 형식을 갖추어 행한다는 점에서 쉬운 일이 아니다.

5장

한국 젊은이들의
어른 존경

문화가 다르면 어른 존경에 대한 해석이 다르고 어른을 존경하는 방식도 달라진다.

동아시아에 사는 한국인은 어른을 존경하는 뛰어난 전통을 간직하고 있다. 동아시아인들— 한국인, 중국인 및 일본인을 포함한 아시아 사람들— 은 효의 가치로부터 오랜 세월 동안 영향을 받아왔다. 효는 기본적으로 젊은 사람들로 하여금 부모가 그들의 몸과 생명을 낳아주고 그들에게 보살핌과 지원을 제공해 준 데 대해 감사하고 그 은혜에 보답하기 위하여 부모가 연로해지면 이분들을 부양하도록 가르치는 가치이자 도덕적 원칙이다.

근년에 와서 산업화 및 도시화와 연달아 여러 가지 사회적 변동이 일어나자 이 관습과 규범이 흔들리는 징조가 보이기 시작하여 노년학자들과 정책수립자들은 젊은 세대의 노인에 대한 태도에 많은 관심을 가지게 되었다.

우리 가족 주변에서 일어나는 변동은 이런 관심을 더욱 부추기고 있다. 가족이 적어져 노인을 부양할 사람이 감소하고 부모와 멀리 떨어져 사는 자녀가 늘어나 부모 부양이 어려워지고 젊은 사람들 사이에 개인 중심적인 생활태도가 늘어남에 따라 가족주의적 성향이 줄어드는 등 우리 주변에서 일어나는 여러 가지 변화는 노인을 존경하고 보살피는 전통적 가치를 약화하는 추세를 보이고 있다.

특히 고령자를 푸대접하는 사례들이 늘고 있다. 서양사회에서만 있는 일로 생각했는데 우리 눈앞에서 이런 불행한 일들이 발생하고 있다. 제3장에서 지적한 바와 같이 최근에 나온 연구보고에 의하면 일부 청소년 사이에서 어른에게 불경스러운 행위를 하는 사례가 늘고 있다. 즉 고통을 받고 있는 노인을 무시하고, 어른을 학대, 남용하고, 어른들에 대해 차별적인 태도를 가지는 등의 사실이 지적되었다. 그런데 젊은 사람들, 특히 대학생들이 노인들에 대해 갖는 부정적인 태도에 대해서는 우리나라에서뿐만 아니라 외국에서는 이미 오래전부터 보고되고 있다.

어른을 존경하지 않고서는 이분들에 대해 긍정적인 태도를 가질 수 없을 뿐만 아니라 이분들에게 인간적으로 예의 바르게 대할 수도 없는 것이다.

많은 고령자들은 물질적인 도움을 주기 전에 먼저 자신들을 존경해 달라고 호소한다. 연구보고에 의하면 노인들의 생에 대한 만족을 결정하는 주요인들 가운데 하나가 존경을 받는 것이다(Noelker & Harel, 2000; Ghusn, Hyde, Stevens, & Teasdale, 1996). 존경을 받으면 자기존중도가 높아지고 노인들이 부양자들과 협조적인 관계를 가지게 되어 이분들이 치료와 서비스로부터 얻는 혜택이 많아지는 바람직한 결과를 가져온다(성규탁, 2009). 따라서 젊은 사람들이나 부양자들이 노인을 대하는 태도는 노인들의 안녕에 중요한 영향을 끼친다.

우리나라에서도 어른 존경 문제가 날이 갈수록 그 중요성이 더해 가고 있는 상황에서 본 연구는 한국의 젊은 세대가 어른을 존경하는 실정을 조사해 보았다. 사실 어른을 존경하는 문제는 몇 년 전만 해도 우리 사회에서는 문제가 되지 않았다. 시대의 변천에 따라 새로이 등장한 과제이다.

최근까지 어른 존경에 대한 연구자료가 매우 희소했으며 이 주제를 다룬 소수의 자료도 존경의 이념적, 실천적인 면에 대해 추상적으로만 다루었다. 그래서 어른 존경은 매우 일반적이고 추상적인 형식으로 언급되어 왔다. 한국인의 전통적 가치인 어른 존경을 현대사회에서 어떠한 방식으로 실천하고 있는가에 대해 지금까지 경험적인 분석이 이루어지지 못하고 있는 실정이다.

오늘날 한국인은 과연 어른을 존중하고 있는가? 존경을 한다면 어떠한 방식으로 하고 있는가? 구체적으로 어떠한 행위 또는 행동으로 어른을 존경하는가? 젊은 세대가 어른을 존경하는 방식의 유형을 가려낼 수가 있는가?

이러한 질문들에 대한 답을 얻기 위해 본 연구는 우리나라의 젊은 성인들 — 대학생들 — 이 어른을 존경하는 행동을 탐사해 보았다.

본 연구에서는 젊은 성인들 사이에 가장 일반적으로 널리 실천되고 있는 어른 존경의 방식을 식별하는 데 초점을 두었다. 설문조사로부터 얻은 자료를 바탕으로 어른 존경의 공통적인 방식을 식별하였고 각각의 방식이 뜻하는 바와 어른 존경이 시대의 변화와 더불어 어떻게 달라지고 있는가를 고찰하였다.

| 어른 존경의 표현

존경은 다른 사람에게 이타적이고 호의적인 마음씨를 표현하는 한 방법이며 감정이나 단순한 느낌의 차원을 넘어 실제적이고 실천적인 관심을 나타낸다. 따라서 이런 느낌과 관심은 타인을 존경하는 외향적인 태도 및 행동으로 표현된다. 즉 눈으로 볼 수 있는 행동적 표현이 된다.

앞서 언급했지만 근년에 동아시아에서 어른 존경에 대한 몇 가지 연구들이 행해졌다. Palmore와 Maeda(1985)는 일본인들이 노인을 존중하는 방식을 체계적인 분석이 없이 소개하였고 Mehta(1997)는 싱가포르 사람들이 어른 존경을 하는 방식에 대해 질적 연구로부터 얻은 자료를 소개했으며 Ingersoll-Dayton과 Sangtienchai(1999)는 싱가포르, 대만, 필리핀 및 태국에서 어른 존경의 표현방식에 대해 역시 질적 조사에서 나온 결과를 보고하였다. 그리고 Sung과 Kim(2003)은 한국에서 처음으로 어른 존경에 대한 계량적인 조사를 했다.

이 연구들은 아시아 사람들이 어른을 존경하는 여러 가지 표현들을 소개하였다. Sung과 Kin을 제외한 모두가 질적 연구방법을 사용하여 젊은 세대와 노인 세대 간에 진행되는 정서적 교환관계와 연계하여 조사하였다. 이들이 소개한 존경 방식을 간추려 보면 다음과 같다.

1) 보살피고 봉사하는 것, 2) 순종하는 것, 3) 의논하는 것, 4) 인사하는 것, 5) 경어를 사용하는 것, 6) 예의 있는 태도를 갖는 것,

7) 생일을 축하하는 것, 8) 윗자리를 제공하는 것, 9) 우선적으로 대접하는 것, 10) 좋아하는 음식을 대접하는 것, 11) 선물을 드리는 것, 12) 일반 노인을 존경하는 것, 13) 조상을 숭배하는 것.

이 연구들은 중요한 기여를 하였으나 존경 방식들이 어느 정도로 실천이 되고 있는가, 그리고 어느 정도로 중요시되고 있는가에 대한 계량적인 자료를 제공하지 못했다. 그리고 이 연구들에서는 한국인이 조사대상으로 포함되지 않았다.

Sung과 Kim(2003)의 연구에서만 한국인의 어른 존경에 대한 계량적인 자료가 나왔다. 이 장에서는 한국인에 대한 연구를 소개하고자 한다.

| 조사 방법

본 연구를 위한 자료는 한국의 두 대학교에 재학 중인 대학생들 401명으로부터 수집하였다. 이들은 무작위로 추출된 사회과학계 학과들의 12개 반(12명~58명 크기)에서 공부하는 학부와 대학원생들이다. 의도적으로 선출된 두 대학들은 사회적, 경제적 및 종교적으로 다양한 학생들이 다니는 공인된 교육기관이다. 조사대상 학생들의 55%는 남성이고 여성이 45%이다. 44%는 4학년생이며 56%는 대학원생이다. 평균 연령은 23.5세이고 대다수는 부모와 동거하고 있었다.

다음과 같은 설문을 학생들에게 나누어주고 응답을 구했다.

1. 학생이 평소에 어른을 존경하기 위해 가장 자주 하는 행위 또는 몸짓을 두 가지 이상 적어 주시오.

_____

_____

2. 학생이 적은 행위 또는 몸짓이 어느 정도로 중요하다고 보는지 다음에 그 중요성의 정도를 지적해 주시오.

답: 어른 존경의 행위 (두 가지 이상 기입)	중요성 정도 (하나만 지적)			
	매우 중요함	중요함	별로 중요치 않음	전혀 중요치 않음
_____				
_____				
_____				

위에서 첫 번째 질문은 응답자가 가장 자주 행하는 어른 존경의 방식을 식별하기 위한 것이고 두 번째 질문은 각각의 어른 존경 방식을 중요시하는 정도를 파악하기 위한 것이다. 중요성의 정도는 4단위 척도에 기초한 것으로 "4 = 매우 중요함, 3 = 중요함, 2 = 별로 중요치 않음, 1 = 전혀 중요치 않음"으로 나누어진다. 이 외에 인구학적 항목들이 부가되었다. 이와 같이 비교적 단순한 설문을 작성하여 학생들이 교실에서 쉽게 응답할 수 있게 하였다. 각 반의 강사는 설문에 응답하는 것은 각 학생의 자유이고 응답할 의사가 있

는 사람은 무기명으로 응답하도록 지시했다. 각 반에서 평균 95%의 학생들이 응답하였다.

| 분석과 결과

학생들은 다양한 어른 존경 방식들을 설문지에 기입하였다. 기입된 방식들의 뜻과 표현을 감안하면서 조심스럽게 분류하였다. 분류에 앞서 일찍이 Silverman과 Maxwell(1978)이 사용한 7가지 어른 존경 방식들을 분류를 위한 기본 방식으로 사용하였다. 이들 연구자들은 다양한 문화권들에서 노인을 존경하는 방식을 식별한 결과 7가지의 존경 방식을 가려내었다. 즉 (1) 서비스를 제공해서 하는 존경, (2) 선물을 제공해서 하는 존경, (3) 존댓말을 사용해서 하는 존경, (4) 윗자리를 제공해서 하는 존경, (5) 음식을 대접해서 하는 존경, (6) 공손한 태도를 취해서 하는 존경, 그리고 (7) 생일을 축하해서 하는 존경이다. 이들 방식을 기본으로 하여 존경 방식들을 분류하기 시작하였다.

분류과정에서 7가지 이외에 다른 방식들이 나타났다. 무작위로 선출된 10명의 응답자들로부터 응답의 해석과 후속 분류작업을 하는 데 지원을 받았다. 각각의 존경 방식을 상호 배타적인 항목으로 성립시키기 위해 노력하였다.

다음에 응답자들의 대답과 이를 기초로 분류한 존경 방식들을 소개하고자 한다.

먼저 각각의 존경 방식을 지적한 빈도에 기초해서 백분율을 산출했다. 이 백분율에 따라 존경 방식들의 등위를 산정하였다. 다음에는 4단위 척도에 따라 각각의 방식의 중요성의 정도를 산정하고 그 정도에 따라 등위를 정했다.

빈도에 대한 자료분석 결과를 보면 '보살핌으로 하는 존경'(보살핌과 서비스를 제공하는 것)이 가장 빈번히 지적되었다(전 응답자들의 62%가 지적함). 두 번째로 자주 지적된 방식은 순종으로 하는 존경(지시나 명령에 복종하는 것, 51%)이다. 세 번째는 의논을 해서 하는 존경(의논을 청하는 것, 41%), 네 번째는 우선적으로 대접해서 하는 존경(서비스나 대접을 먼저 제공하는 것, 36%), 다섯 번째, 인사를 해서 하는 존경(인사와 절을 하는 것, 33%), 여섯 번째, 경어로 하는 존경(존경하는 말이나 문장을 사용하는 것, 31%), 일곱 번째, 음식을 대접해서 하는 존경(어른이 좋아하는 음식을 드리는 것, 23%), 여덟 번째, 선물로 하는 존경(선물을 드리는 것, 21%), 아홉 번째, 용모를 단정히 해서 하는 존경(예의 있는 자세를 갖추는 것, 20%), 열 번째, 일반 어른에 대한 존경(이웃과 사회의 노인을 보살피고 지원하는 것, 18%), 열한 번째, 축하를 해서 하는 존경(어른의 생일을 축하하는 것, 15%), 열두 번째, 윗자리를 제공해서 하는 존경(윗자리나 명예스런 자리나 역할을 제공해서 하는 존경, 13%), 열세 번째, 조상에 대한 존경(조상을 숭배하는 것, 9%), 끝으로 장례를 통해하는 존경(돌아가신 분을 위해 경건히 장례를 올리는 것, 7%)이다.

이들 14개 방식들은 앞서 소개한 선행연구들이 지적한 방식들과 거의 같은 것들이다.

중요성에 관한 자료를 분석한 결과 보살핌으로 하는 존경이 역시 가장 높은 등위를 차지했다(3.60, 거의 '매우 중요함'으로 표현됨). 다음으로 의논을 해서 하는 존경(3.10), 순종을 해서 하는 존경(3.32), 경어를 사용해서 하는 존경(3.23), 인사를 해서 하는 존경(3.15), 우선적으로 대접을 해서 하는 존경(3.10), 음식을 대접해서 하는 존경(3.02), 선물을 드려서 하는 존경(2.92), 용모를 단정히 해서 하는 존경(2.82), 일반 노인을 대접해서 하는 존경(2.72), 축하를 해서 하는 존경 (2.63), 윗자리를 드려서 하는 존경(2.63), 조상에 대한 존경(2.53), 끝으로 장례를 치러서 하는 존경(2.50)의 순서로 나타났는데 이들 존경 방식 모두가 '그대로 존경' 내지 '대체로 존경함'으로 평가되었다.

위와 같이 빈도와 중요성에 대한 분석에서 보살핌으로 하는 존경이 가장 높은 등위로 나타났고 이 다음으로 5가지 방식들, 즉 의논을 하는 것, 순종을 하는 것, 경어를 사용하는 것, 인사를 하는 것, 우선적으로 대접하는 것이 뒤따랐다. 이들 방식들은 모두가 다른 존경 방식들보다도 더 자주 실천되었고 더 중요한 것으로 지적되었다.

두 대학들에서 얻은 자료의 분석결과를 대조해 보기 위해 조사대상자들을 두 집단으로 나누었나. 통계분석 결과에 의히면 존경 방식들의 지적빈도에서는 두 집단들 사이에 차이가 없는 것으로 시사되었다. 중요성의 정도를 보면 두 집단 사이에 역시 차이가 없음이 시사되었다. 이 자료는 대체로 두 개 대학에서 조사된 학생들이 존경 방식을 지적하는 데서나 중요성의 정도를 판정하는 데 있어 비슷하다는 점을 시사하고 있다.

인구학적 항목들과 대조해 중요성 평점의 변화를 조사해 보기 위해 일방적 변량분석을 했다. 성별로는 존경 방식들의 중요성 정도의 차이가 없음이 시사되었다. 그러나 연령별로는 순종해서 하는 존경의 중요성에 변동이 있었다. 의논을 해서 하는 존경도 결혼상태에 따라 달랐다. 이러한 결과는 연령이 많은 응답자들이 순종해서 하는 존경과 결혼을 한 응답자들이 의논을 해서 하는 존경에 중요성을 두고 있음을 시사하고 있다. 이어 응답자들의 거주 지역(농촌 또는 도시)과 거주형태(부모와 동거 또는 별거)의 두 가지 변수들이 서로 보살핌으로 하는 존경과 순종을 하는 존경과 상충작용을 하고 있음이 다른 변량분석 결과에서 시사되었다. 이러한 분석 결과는 시골에 거주하며 부모와 함께 사는 응답자들이 두 가지 존경 방식을 더 중요시함을 알려주고 있다. 연령과 성별도 역시 의논을 해서 하는 존경과 서로 상충작용을 하고 있음이 시사되었다. 이는 나이가 많고 여성인 응답자들이 어른과 의논하는 데 더 무게를 두고 있음을 시사하는 것이다.

14개 방식들 저변(底邊)에 잠겨 있는 차원들을 식별하기 위해 요인분석을 하였다. 즉 14개 항목들을 줄여서 몇 개의 주요 변수들로 요약해 보려는 것이다. 분석한 결과 세 가지 차원들 또는 요인들이 발견되었다. 첫 번째 요인은 4개의 적재치를 가진 것으로 '인상적 어른 존경'이라고 불렀다. 두 번째 차원은 3개의 적재치를 가진 '작업적 존경'이라 했다. 세 번째 차원은 두 개의 적재치를 가진 '문화적 바탕의 존경'이다. 이들 세 요인들을 종합해 보면 37.2%의 변량을 설명하고 있다. 이와 같이 세 가지 요인들이 출현한 것이다. 이 분석 결과는 다양한 존경 방식들을 이들 세 가지 차원으로 줄일 수 있음을 시사하고 있다.

| 어른 존경의 방식과 표현

다음에 14개 존경 방식들이 한국의 문화적 맥락에서 의미하는 바와 실천되는 방법을 좀 더 자세히 기술해 보고자 한다. 이들 존경 방식은 앞 장에서 논한 방식들과 대체로 비슷하나 한국인에 대한 조사에서 얻은 자료이기 때문에 요즘 우리 사회에서 볼 수 있는 표현들을 예로 들어 논의해 보고자 한다.

1. 보살핌으로 하는 존경

이 존경 방식은 어른에 대해 마음속에서 우러나는 정성으로 보살피고, 염려해 드리고, 기쁘고 안락하게 해 드리고, 불안감을 해소해 드리고, 마음에 상처를 주는 일을 하지 않고, 자주 만나드리고, 시간을 함께하고, 개인적인 케어를 해 드리고, 음식을 장만해 드리고, 집안일을 돌보아 드리고, 보건의료 서비스를 해 드림으로써 표현하는 존경이다. 따라서 이 방식은 정서적인 보살핌은 물론 수단적인 서비스도 함께 해 드리는 것이다.

부모를 보살피고 지원하는 것도 물론 우리의 문화적 가치인 인 (仁)의 표현인 것이다.

그러나 오늘날 한국의 대다수 부모와 자녀가 따로 살고 있어 이러한 표현을 하기가 어렵게 되었다.

물론 떨어져 살면서도 노력을 하면 노부모를 케어할 수 있다. 정서적 보살핌은 전화나 e - mail 같은 통신방법으로 상당한 정도로 해 드릴 수는 있다. 그러나 수단적인 보살핌(손과 몸으로 직접 제공하는 보살핌과 서비스)은 방문을 해서 하거나 다른 사람에게 부탁해서 해야 한다. 그래서 이웃과 지역사회 그리고 공공단체와 정부가 제공하는 각종 서비스를 활용하게 된다. 많은 가족들이 따로 살면서 제3자(사회봉사기관, 요양원, 탁로소, 노인복지관, 자원봉사집단 등)에게 노부모를 보살피고 뒷바라지하는 일을 위탁하는 것은 가족의 구조와 기능이 달라짐에 따라 우리 사회에서 일어나고 있는 보살핌으로 하는 존경방법의 중요한 변화이다. 이 점에 대해서는 제4권에서 다시 논의한다.

2. 순종으로 하는 존경

한국의 젊은 사람들은 대개 그들의 부모나 어른인 친척들의 말을 들으며 따른다. 어떤 젊은이는 부모의 가치관이나 생활태도를 따르기도 한다. 즉 동일시한다. 직장에서는 흔히 상사의 비공식적 충고나 지시에 따른다. 학교에서는 학생들이 군소리 없이 선생들의 지시를 따른다. 가족 중심적이고 집단 중심적인 한국 문화에서는 순종해서 하는 존경은 하나의 사회적 규범으로 되어 왔다. 그러나 근래에 와서는 연장자와 연소자의 사회관계가 비권위주의적이고 상호 존중하는 방향으로 서서히 옮겨 감에 따라 연장자에게 무조건 복종하기보다는 이들의 이야기를 예의를 갖추어 친절하게 들어 주는 식으로 경의를 표하는 젊은이가 많아졌다. 이와 함께 자기를 많이 낮추어 복종하는 관습이 서서히 줄어들고 적게 낮추면서도 경의를 표하는 방식을 택하고 있다.

3. 의논을 해서 하는 존경

우리나라의 젊은 사람들은 어른으로부터 개인적인 문제나 가족 문제에 대한 의견을 청해서 듣는다. 어른에게 의논을 요청함으로써 그분에게 경의를 표할 수 있다. 이 방식을 통해서 어른과 젊은 사람이 다 같이 혜택을 받을 수 있다. 젊은이는 필요한 정보와 도움을 어른으로부터 받을 수 있고 어른은 자기의 경험과 지혜를 자녀와 젊은이에게 제공하게 되어 보람을 느끼고 만족을 하게 된다. 그리고 이 방식은 부모 - 자녀 또는 연장자 - 연소자가 다 같이 호혜적으로 상담과 의견을 주고받는 관계를 이루기 때문에 앞으로 한국의 젊은이들이 많이 선호하는 방식이 될 것으로 본다.

4. 우선적으로 대접해서 하는 존경

어른에게 음식, 도움, 서비스 등을 먼저 제공해서 표현하는 존경이다. 그리고 어른의 입맛에 맞는 음식을 우선적으로 대접하고 방이나 승강기에 먼저 타도록 하고 목욕이나 샤워를 먼저 하도록 해드리는 것이다. 한편 연장자/어른은 우선적인 대접을 받는 것을 매우 중요시한다. 비교적 간단한 표현이면서도 한국 사회에서는 매우 중요한 어른 존경 방식이다. 존경은 이타적인 행위이다. 즉 다른 사람에게 보살핌과 편의를 제공하고 관심을 갖는 것이다. 우선적 대접은 존경하는 분에게 이러한 것을 다른 사람보다 먼저 제공해서 표하는 존경 방식이다.

5. 인사를 해서 하는 존경

한국에서 매우 중요시하는 존경방법이다. 어른에게 적절한 몸짓을 해서 존경의 표시로 인사를 한다. 어느 정도로 몸을 굽혀 절을 하는가에 따라 존경의 정도가 결정된다. 흔히 이러한 인사하는 몸짓은 계속해서 몇 번이고 함으로써 깊은 경의 또는 고도의 경의를 표하게 된다. 이 존경 방식은 한국의 어린이들이 제일 먼저 배우는 사회적 행위이다. 인사는 존경 방식 중에서 가장 자주 사용되며 가장 중요시되는 방식이다. 최근에는 이 방식이 수정되고 있다. 몸을 굽히는 정도가 낮아지고 고개도 그전보다 덜 굽힌다. 몸을 굽혀서 인사하는 대신 악수를 하는 경우가 많아졌다. 인사말도 전보다는 짧아지는 경향이다. 즉 복잡한 방식으로 인사하지 않고 간단하고 짧게, 그리고 쉬운 방식으로 하는 경향이다.

6. 경어를 사용해서 하는 존경

한국인은 일본 사람 및 중국 사람과 함께 어른에게 경의를 표하기 위해 다양하고 세분된 경어를 사용한다. 젊은이는 어른에게 경의를 표하기 위해 경어(존경하는 말)를 대화에서나 편지를 쓰는 데 사용한다. 존경 정도에 따라 동사, 전치사, 단어, 구절, 심지어는 문장이 달라진다. 어른 존경은 한국인의 언어 속에 뿌리박혀 있다. 그러나 시대의 변천에 따라 경어의 표현도 조금씩 달라지고 있다. 좀 더 짧고 간단하며 단순하고 쉬운 표현으로 바뀌는 경향이다.

7. 음식을 대접해서 하는 존경

어른이 좋아하는 음식을 제공하는 것은 오랫동안 전해 온 한국인의 관습이다. 한국의 효행자에 관한 이야기들에는 노부모가 즐기는 음식을 대접해서 효도를 했다는 내용이 제일 많이 실려 있다. 시대가 바뀌어도 이 존경 방식은 달라지지 않고 있는 것이다. 아마도 음식은 고령자/어른을 포함한 모든 사람들에게 가장 필요한 것이기 때문일 것이다. 그러나 부모와 자녀가 따로 사는 경우가 많아서 직접 만나 식사를 대접하기가 어려워 부모에게 돈을 보내 드려 좋아하는 음식을 사서 들도록 한다든지 음식 선물 세트를 부모에게 우송하는 경우가 많아졌다.

8. 선물을 드려서 하는 존경

선물을 하는 관습, 특히 윗사람에게 선물하는 것은 한국문화권에서 널리 행해지고 있는 존경 방식이다. 선물에는 두 가지 형태가 있다. 첫째는 물건인데 돈, 옷 및 상징적인 가치가 있는 물건이다. 두 번째 종류는 발언이나 기도를 할 기회를 부여하는 식으로 어른에게 특별한 역할이나 도움을 제공하는 것이다. 근년에는 여러 가지 편리한 물품들이 생산되고 사람들의 기호도 다양해져 현금(돈)을 선물하는 경우가 많아졌다. 노인들 가운데는 현금을 받아 자기들의 필요에 따라 물건을 구입하기를 원하는 분들이 많아졌다. 은퇴를 하면 사회적 활동이 줄어든다. 노인에게 모임에서 발언을 하거나 사회를 하는 역할을 부여하는 것은 현금 못지않게 적절한 존경 방식이 된다고 본다.

9. 외모를 단정하게 해서 하는 존경

어른을 만날 때 옷을 단정하게 입고 공손한 태도를 취함으로써 경의를 표하는 방식이다. 형식과 의식을 중요시해 온 한국문화에서는 이러한 외모로 하는 존경 방식이 시대가 바뀌어도 널리 행해지고 있다.

10. 일반 어른에 대한 존경

이 방식은 한국의 정부와 민간단체들이 합동해서 권장하고 있는 사회적 노력에서 나타나고 있다. 즉 어른을 존경하는 날(경로일) 또는 주간(경로주간)을 설정하고, 어른의 복지를 보장하는 법을 제정하고, 부모 부양의 책임을 법제화하고, 어른을 위해 지역사회가 각종 서비스를 제공하고, 어른 존경을 권장하기 위한 사회운동을 전개하는 등의 일련의 사회적 노력이다. 그리고 특별한 효행을 한 자녀들에게 상을 주고, 어린이들이 어른을 존경하도록 사회화와 교육을 하고, 텔레비전을 통해 어른을 존경하는 내용의 드라마를 보여주는 등의 활동은 곧 사회적으로 노인을 존경하려는 노력의 일환이다. 또한 버스에서 어른에게 자리를 양보하고, 길을 건너가는 어른을 도와주고, 어른이 가지고 가는 무거운 짐을 날라주고, 교통편을 제공하는 등의 행동은 모두가 일반노인을 존경하려는 행동이다. 가족 중심적인 효가 이웃으로 뻗어 나가고 있다. 지금까지 자신의 혈육인 어른을 주로 받들고 보살펴 온 우리는 앞으로 이 방식을 더 발전적으로 확장해 나가야 할 것으로 본다.

11. 축하를 해서 하는 존경

부모의 60회 생신(희갑)과 70회 생신(진갑)을 축하하는 것은 가족의 가장 커다란 행사 중의 하나이다. 부모의 생신은 부모가 나이를 더하여 노화되는 표상으로서 부모의 일생에 있어 중요한 전환점이 되므로 가족에게는 특별한 의미를 갖는다. 자녀들은 일 년을 통해 몇 번이고 부모가 사는 본가를 방문하여 부모와 친척 어른의 생일을 축하하고 그 밖의 가족행사에 참여한다. 이러한 가족행사는 부모와 어른에 대한 경의를 드러나게 표현하는 방식인 것이다. 시대가 바뀜에 따라 축하하는 방식도 점차 단순화되고 경제적으로 행하는 경우가 많아졌다.

12. 윗자리를 제공해서 하는 존경

어른에게 모임에서 윗자리(가운데 자리 또는 명예스러운 자리)를 권하고, 따뜻한 자리 또는 조용한 방을 제공하는 것도 존경의 방식이다. 이러한 공간적 혜택을 드리는 것은 어른에 대한 경의를 표하는 방식이다. 이 방법 역시 한국문화에서는 어른 존경의 매우 중요한 표시로서 사용되고 있다.

13. 장례를 통한 존경

부모가 사거한 후 장례를 행하는 것은 자녀의 일생에서 가장 감동적이고 엄숙한 행사의 하나이다. 자녀들은 사망한 부모에 대한 애도를 표시하기 위해 무한히 애를 쓰며 정성을 다해 장례의식을 치른다. 의식을 치르는 데 있어 자녀는 특별한 의복을 입고 통곡과 울음으로 슬픔을 나타낸다. 장의사, 관, 산소 및 비석도 사망한 부모에 대한 애정, 경의, 의무감 및 희생으로 선택한다. 장례가 끝난 뒤에도 어떤 가족은 오랫동안 애도를 한다. 한국인들은 부모의 장례를 위해 도에 넘치게 물질적 의례를 치르는 경향이 있었다. 사회 변동에 따라 이 방법도 점차 달라지고 있다. 병원에서 사망하여 장례의식이 가정 바깥에서 이루어지고 매장방법도 간소화되고 경제적으로 되어 가고 있다.

14. 조상에 대한 존경

시대가 달라져도 변하지 않는 한국인 특유의 존경 방법이다. 제삿날과 경축일에 일정한 대를 앞서 세상을 떠난 조상의 사망일을 기념하기 위해 제사를 올린다. 이 제사는 후손이 조상의 은혜에 보답하기 위한 행사이다. 제사에는 온 가족이 한 방이나 절간에 모여 조상의 위패와 사진을 모시고 조심스럽게 장만한 음식을 차려 놓고 절을 한다. 이러한 예식이 끝나면 어른들은 자녀에게 조상에 대한 이야기를 들려준다. 그럼으로써 젊은 세대가 가족의 뿌리를 잊지 않고 조상으로부터 받은 혜택을 알도록 하려는 것이다. 가족의 사당을 꾸미고, 조상의 산소를 가꾸는 것도 역시 조상에 대한 경의를 표하는 방식이다. 이 방법 역시 제사의 횟수를 줄이고, 경제적으로 의식을 진행하며 가족생활에 편리한 제사시간을 정하는 등 점차 간소화되고 있다.

| 새로운 경향

한국 사회에서 변화가 지속되면서 어떤 존경 방식은 수정되고 있다. 예로 어른이 말을 할 때 이를 경청하는 것은 순종해서 하는 존경의 방식인데(어른이 말하는 대로 언제나 행한다는 뜻은 아니지만) 이 방식이 상당히 널리 어른 존경 방식으로 통용되고 있다. 이는 전통적으로 어른에게 무조건 복종하는 방식이 수정된 것으로 볼 수 있다. 그러나 어른에 대한 순종은 여전히 널리 자주 행해지고 있는 존경의 표현방식이다. 어른에게 의논을 하는 방식은 세대 사이의 대화와 상호이득이 되는 교환을 촉구하는 방식이다. 젊은이들이 세대 사이의 보다 호혜적인 교환에 관심을 가짐에 따라 이 방식은 앞으로 더 널리 사용될 것으로 본다. 또한 널리 통용되고 있는 행동으로서 윗사람에게 절을 하는 대신 악수를 하는 것이다. 최근에는 민간단체와 공공단체들이 일반 노인의 복리를 위한 각종 사업을 개발하고 있다. 가족 중심으로 어른을 존경하던 것이 이와 같이 이웃과 사회로 확장되고 있다.

한국에서도 서양에서와 같이 각자의 자유와 사생활을 보장하기 위해 부모와 자녀가 별거하는 관행이 늘고 있다. 사람들의 생명이 연장되어 60회 생신 축하도 요즘에는 흔히 70회에 가서 하는 식으로 연기하고들 있다. 장례도 단순하게 치르고 제사도 의식을 간소화하고 횟수도 줄이고 있다.

젊은 사람들은 시간이 걸리고 복잡한 인사방식을 피하고 간단하고 짧은 표현방식을 택하고 있다. 부모와 떨어져 사는 자녀들은 부모와 친척 어른에 대한 경의를 전화와 e-mail을 통해 전하고 있다. 떨어져 사는 자녀는 멀리 사는 부모가 필요로 하는 의료 및 사회서비스를 대가를 지불하고 제3자가 제공토록 하고 있다. 앞으로 젊은 사람들이 시간을 아끼고 편리를 도모할수록 이러한 수정된 존경 방식들은 더 널리 우리 사회에서 통용될 것으로 본다.

앞서 지적한 바와 같이 새 시대의 어른을 존경하는 방식은 수정되고 있다. 새로운 생활환경과 산업화-도시화에 따른 사회변동에서 오는 사회구조적 변동으로 인하여 어른을 대접하는 방식—행동적 표현—이 서서히 바뀌고 있는 것이다.

즉 전통적 규범 이외의 요인들 때문에 이러한 변화가 일어나고 있다.

요약해서 다음과 같이 존경 방식이 달라지고 있는 것으로 저자는 보고 있다.

* 복잡한 표현 -> 간단한 표현
* 길게 하는 표현 -> 짧게 하는 표현
* 하기 어려운 표현 -> 하기 쉬운 표현
* 여러 번 하는 표현 -> 한두 번에 하는 표현
* 비용이 많이 드는 표현 -> 비용이 적게 드는 표현
* 자기를 많이 낮추는 표현 -> 자기를 덜 낮추는 표현

| 논의

한국의 젊은이에 대한 어른 존경 연구에서 14가지의 존경 방식들을 가려냈다. 따라서 한국의 젊은 사람들의 어른 존경을 종합적으로 표현하기 위해서는 이들 방식들을 결합해서 실천해야 할 것

이다. 이 방식들은 서로 연관성을 가진다고 볼 수 있다. 그러나 각각의 방식은 어른 존경을 나타내는 하나의 특이한 행위이다.

이 방식들 가운데서 여섯 가지가 지적빈도와 중요성 정도에서 뛰어나 보인다. 즉 보살핌으로 하는 존경, 의논으로 하는 존경, 경어로 하는 존경, 인사로 하는 존경, 순종을 해서 하는 존경 및 우선적으로 대접을 해서 하는 존경이다.

이 방식들이 식별됨으로써 한국의 젊은이들이 어른을 구체적으로 어떠한 방식으로 존경하는가를 분명히 알 수 있게 되었다. 이들 눈에 보이는 행동적인 존경 방식들은 앞으로 어른 부양의 질과 세대 간의 관계를 조사하는 데 필요한 좀 더 종합적인 존경 방식들을 개발하는 데 도움이 될 것으로 본다.

제3장에서 소개한 동아시아 여러 나라들에서 판명한 어른 존경 방식들과 대체로 같은 방식들이 식별되었다. 동아시아 사람들의 어른 존경 방식의 공통성이 입증된 셈이다.

본 조사에서는 다른 연구들의 대다수가 포함하지 않았던 조상에 대한 존경과 장례를 통한 존경이 부가되었다. 그리고는 선행연구들이 제공하지 않았던 각각의 존경 방식에 대한 비교적 세별된 실천 방법과 이 방법들이 시대의 변화에 따라 수정되고 있는 실상을 기술하였다.

본 조사의 결과도 역시 어른 존경은 여러 가지 차원으로 이루어졌음을 알려 주고 있다.

14가지 방식들은 세 가지 차원으로 분석되었다.

첫째 차원은 행동 또는 작업에 관련된 것이다. 즉 보살핌, 의논, 식사 대접을 하는 방식들이다.

두 번째 차원은 인상적인 차원이다. 즉 순종, 경어, 모습, 인사와 관련된 방식들이다.

세 번째 차원은 문화와 관련된 차원이다. 즉 조상숭배와 장례에 관한 방식들이다.

한국문화에서는 집안어른, 선생님 및 알고 있는 어른을 만날 때 위와 같은 존경 방식들을 시간적으로 알맞게 적절히 사용하지 않으면 예의에 어긋나는 것으로 본다. 이 방식들은 효의 문화적 가치에 깊이 뿌리를 두고 있다. 오늘날 한국인들은 과거보다는 덜하지만 이 가치에 뿌리를 둔 규범을 계속 지켜야 하는 사회에서 살고 있다. 한국에서 행한 본 연구는 선행연구들이 하지 않은 존경에 대한 계량적 자료를 제공하였다. 이 계량적 자료에 기초하여 각각의 존경 방식에 대해 응답자가 지적한 빈도와 중요성 정도를 구체적으로 제시하였다. 이렇게 해서 젊은 한국인들의 어른 존경에 대한 경험적인 자료를 제공한 것이다.

본 연구가 식별한 한국인의 존경 방식들과 선행연구들이 제시한 다른 아시아인들의 존경 방식들 사이에 공통점이 있음이 발견되었다. 따라서 본 연구는 일관성 있는 연구결과를 얻은 것으로 볼 수 있다. 즉 한국인에 관한 연구결괴외 다른 동아시아 사람들에 관한 연구의 결과에 신뢰성이 있는 것이다. 따라서 동아시아 사람들의 존경 방식에 대한 정보를 통용하는 범위가 보다 더 확대된 것이다. 그러나 선행연구들이 존경에 대한 계량적인 자료를 제공하지 않았기 때문에 유감스럽게도 한국인들과 다른 아시아인들 사이의 존경 방식의 지적빈도와 중요성 정도에 어느 정도의 유사점과 차이점이 있는가를 자세히 해명할 수가 없다.

한국자료에서도 존경 방식들 가운데서 보살핌으로 하는 존경이 가장 자주 지적되고 가장 중요한 것으로 나타난 사실은 뜻깊은 일이다. 이 존경 방식은 여러 가지로 표현이 된다. 즉 노인들을 애정으로 보살피고 이분들에게 구체적인 서비스를 함으로써 나타내는 존경 방식이다. 서양의 학자들은 존경은 보살핌과 밀접한 관련성이 있고 보살핌은 곧 존경을 반영하는 것이라고 해석하고 있다. 따라서 본 연구에서 발견한 사실은 이 서양 학자들의 존경의 개념과 합치되는 것이다. 이는 또한 보살핌으로 하는 존경이 비교 문화적으로, 즉 우리와 서양을 비교할 때 유사함을 시사한다. 유교의 고전에 담겨 있는 존경도 물론 어른을 보살피고 돌보는 것과 일치가 되어 있다.

그러나 보살핌으로 존경을 표시하는 데는 마음속 깊이에서 우러나게 보살피고 염려하는 것이 중요하다. 한국인의 전통적인 관습은 어른 존경은 외모에 나타나는 행동뿐만 아니라 마음과 가슴속에서 우러나는 심정으로 하는 데 중점을 둔다.

보살핌으로 하는 존경은 한국뿐만 아니라 외국에서도 어른을 보살피고 부양하는 가족과 보호자들에게 매우 중요한 과제가 되고 있다. 이 방식은 자비심과 동정심을 가지고 어른을 보살피고 부조하는 것에 가치를 둔다는 것을 의미한다.

저자가 편저한 영문으로 된 책(Respect for the Elderly: Implications for Human Service Providers: 어른 존경: 인간봉사자들이 참고할 자료, 2009년 발행)은 바로 노인을 보살피는 봉사자들(의사, 간호사, 사회복지사 등)이 그들이 돌보는 고령자들을 존경으로 봉사해 주어야 함을 강조하는 내용으로 되어 있다.

그러나 어른 존경은 실행하기가 어려운 경우가 있다. 특히 장기적으로 치료를 받는 중환자인 어른을 부양하는 경우가 그러하다.

보살핌은 이 개념을 세별해서 구체적으로 구분함으로써 이를 어떻게 실행할 수 있는가 알려 줄 수 있다. 이런 점에서 본 연구가 제시한 14개 방식들은 어른과 노약자를 보살피는 사람들이 구체적으로 어떠한 행위로 보살펴 주어야 하는가를 알려 주는 참고자료가 될 수 있다고 본다. 이 방식들은 또한 보호자들이 어른을 대접하는 실태를 평가하는 기준이 될 수 있다고 본다.

한국인의 전통적인 존경 방식들이 시대의 흐름에 따라 수정되어 가고 있다. 이러한 변화가 생활태도와 통신수단의 변동과 병행해서 진행되어 나가면 오늘날 중요시되는 존경 방식도 내일에는 그렇지 못할 수 있다. 아직까지 이 변화가 어느 정도로, 어느 속도로, 그리고 어떠한 방식으로 진행되고 있는가에 대한 경험적이고 체계적인 연구가 이루어지지 못하고 있다.

앞서 지적한 바와 같이 대체로 존경의 표현은 복종적인 형식으로부터 동등한 것으로, 복잡한 형식으로부터 단순한 것으로, 시간이 걸리는 것으로부터 짧은 것으로 변하고 있다. 산업화와 도시화에 따른 사회변농에 석응해서 힌국의 젊은이들은 그들의 전통적인 어른 존경 방식을 수정해 나가고 있는 것이다.

이와 같이 달라지고는 있지만 어른 존경은 한국에서 여전히 하나의 중심적인 가치로서 존속하고 있다. 한국의 젊은이들의 대다수는 자녀는 마땅히 노령의 부모와 어른을 존중하고 지원해야 한다고 믿고 있다. 따라서 사회적 변동은 노령의 부모와 어른에 대한 존경심을 배제하지는 못하고 있는 실정이다. 젊은이들은 그들의 전통적인 가치를 지키기 위해 새로운 대안적인 방법을 찾아 나가면서 시대의 도전에 대응하고 있는 것으로 보인다.

효의 전통은 한국의 가족제도와 사회적 구조(인간관계) 속에 깊이 뿌리박혀 있다. 그래서 어른 존경은 부모에 대한 책임, 부모 은혜에 대한 보답, 그리고 부모에 대한 애정과 밀접히 연계되어 있다. 사회구조를 보면 대인관계가 아직도 상하관계로 이루어진 경우가 많다. 이러한 관계에서는 상징적인 표현, 즉 언어로 하는 존경, 인사로 하는 존경, 우선적으로 대접을 해서 하는 존경, 외모를 단정하게 해서 하는 존경, 축하로 하는 존경, 선물로 하는 존경 및 복종을 해서 하는 존경이 서양 사회에서보다 더 자주, 더 광범위하게 행해지는 경향이다.

한국은 어른 존경을 제도화하였다. 앞서 지적했듯이 경로일과 경로주간을 마련하고, 법으로 어른 존경을 하도록 하고, 정부가 효도한 사람에게 상을 주는 등의 사회적 노력을 진행하고 있다.

본 연구는 어른 존경에 대한 좀 더 체계적인 조사를 위한 하나의 초단계 작업이다. 연구방법상의 단점들이 있다. 표본이 비교적 적으며 학생들만을 조사 대상으로 하였다. 장래 연구에서는 대학생이 아닌 젊은 사람들을 포함시켜 더 대표적인 표본을 사용할 필요가 있다. 어른을 존경하는 행위는 개인적인 인간관계 때문에 부득이 해야 하는 경우가 있을 수 있고 부모에 대한 의무감이나 은혜를 갚기 위해 하는 수도 있을 것이며 개인적 욕구나 희망 때문에 하는 경우가 있을 것이다. 이러한 가정들을 장래 연구에서는 증명해 보면 좋겠다. 또한 가족 내부와 집단 내에서 어른 존경을 하는 과정과 상황에 대해 개방적이고 질적인 조사를 하는 것도 의미 있다고 본다.

한국의 노년학자들이 다가오는 시대에 고려해야 할 중요한 과제는 어른 존경의 전통적 가치를 어느 정도 잘 지켜 나가느냐의 문제에 초점을 두어야 할 것이다.

장래연구는 다음의 과제들에 대한 조사도 할 수 있기를 바란다.

* 어떤 존경 방식이 변하고 있는가? 어떤 방향으로 변하는가? 이러한 변화가 어른 부양에 어떠한 충격을 주는가?

* 확대가족에서 실천되는 존경 방식은 대가족에서 실행되는 존경 방식과 어떤 점이 다른가?

* 젊은 사람의 개인적 속성(성별, 연령, 결혼상태, 교육, 소득)에 따라, 그리고 상황적인 변수(농촌 또는 도시 출생, 안정과 갈등과 관련된 세대관계, 부모와 자녀가 소유하는 자산, 사회적 지원망 등)에 따라서 어른을 존경하는 상황이 어떻게 다른가?

* 학교와 가정에서 젊은 사람들은 어른 존경을 하도록 어느 정도로 사회화하고 교육하고 있는가? 이러한 사회화 및 교육적 노력은 어른 존경의 전통을 유지하기 위해 어느 정도의 효과를 내고 있는가?

6장

어른 존경 - 한국인과 미국인의 비교

어른을 존경하는 방법은 문화권에 따라 어느 정도로 달라진다. 문화적 가치가 사람들의 어른을 존경하는 태도와 행동에 영향을 끼치기 때문이다. 우리는 어른 존경이 문화에 따라 어떻게 다른가에 대해 좀 더 체계적인 정보를 확보하고 이해할 필요가 있다. 문화가 다름에 따라 어른을 대하는 태도와 행동이 달라진다는 사실을 조사하려면 다른 문화권 사람들의 이러한 태도와 행동과 우리 문화적 맥락에서 관찰할 수 있는 행동과 태도를 비교해서 양자 사이의 차이점과 유사점을 가려내야 한다.

어느 사회에서든 노인에 대한 태도의 변화를 알아보기 위해서는 먼저 그 사회의 젊은 사람들이 노인에 대한 태도를 관찰할 필요가 있다. 대학생의 경우를 보면, 대학 생활에서 자유주의적 분위기에 노출되고, 부모의 감독을 별로 받지 못하고, 동료들로부터 일상생활과 행동에 많은 영향을 받는다. 결과적으로 그들의 부모와 다른 새로운 가치에 접하기 쉽고, 노인과 어른을 존중하는 전통적 규범을 지지하지 않는 성향을 가질 수 있다.

그런데 이들 젊은 성인들은 장차 노인을 지원하는 사회체계의 중요한 성원이 될 사람들이다. 따라서 이들이 노인을 어떻게 생각하고 대접하느냐의 문제는 노인들뿐만 아니라 사회 전체에 중요한 과제가 된다.

노인에게는 음식, 주택, 보건 및 안전이 모두 긴요한 조건들이다. 그러나 이분들에게는 또 하나의 매우 중요한 조건이 필요하다. 그것은 다름이 아닌 존경을 받는 것이다. 노인요양원의 입주자들을 조사한 결과 노인들이 가장 필요로 한 것은 역시 보호자들로부터 존경으로 보살핌을 받는 것이었다. 존경은 이분들의 생활의 질을 결정하는 중요한 요인이 된다. 존경이 없는 데서는 노인에게 긍정적인 태도를 가질 수 없으며 예의를 갖추어 대할 수도 없는 것이다. 근년에 이르러 노인에게 불경스러운 대우를 함으로써 발생하는 여러 가지 문제들이 보고되고 있다. 노인에 대한 편견과 차별, 그리고 남용과 학대에 대해서 앞서 지적하였듯이 그동안 여러 보고들이 나왔다.

어른 존경에 대해서 관심을 가지는 연구자들이 많아졌다. 이들 연구자는 노인을 존경으로서 대접하면 이분들을 예와 인간애를 가지고 보살필 수 있고, 이분들의 사회적 지위를 받들 수 있고, 이분들을 가족 및 사회와 통합할 수 있다고 믿는다. 따라서 어른 존경은 어른들의 지위와 존엄성을 유지하고, 이분들을 위한 보살핌과 서비스를 제공하는 데 필요한 매우 긴요한 요인이 되는 것이다.

그러나 지금까지 미국에서 젊은 사람들이 어른을 어떻게 존경하는가에 대한 연구가 거의 없으며, 어른 존경에 대한 미국인들과 다른 나라 사람들 사이의 비교 문화적 연구는 더 말할 나위 없이 희소하다. 결과적으로 어른 존경에 대한 경험적 자료는 극히 드문 실정이다.

본 연구는 젊은 성인들이 어른을 존경하는 데 대한 두 편의 자료를 비교한다. 한국의 대학생과 미국의 대학생에 관한 어른 존경 자료를 분석하여 세별되고 구체적인 존경 방식을 식별하려는 목적을 세우고 비교작업을 했다.

서양문화에서 어른이 존경되는 방식을 비서양적인 젊은이들이 어른을 존경하는 방식과 비교해 봄으로써 양자 사이의 분명한 차이를 가려낼 수 있다고 본다. 이러한 연구를 통해서 두 문화가 무엇을 다른 문화로부터 배울 수 있고, 각각의 문화 속에서 어느 존경 방식이 더 혹은 덜 사용되고 있으며, 어느 방식이 사용되지 않고 있나 알아낼 수 있다.

본 연구의 목적은 이와 같이 젊은 한국인과 미국인이 실천하고 있는 어른 존경 방식을 탐험하여 장래 연구를 위한 예비적인 존경 방식의 목록을 작성해 보려는 것이다.

두 문화에서 동일하게 사용되는 존경 방식과 한 문화에서만 실행되는 방식을 각각 식별하고, 존경 방식과 연관된 문화적 특성에 관해서 논의하고자 한다. 본 연구는 존경과 관련된 변수들에 대한 인과관계를 분석하거나 존경에 관한 철학을 논의하려는 것이 아니라 다만, 양 문화적 맥락에서 실천되고 있는 존경 방식을 가려내는 데 목적이 있다.

| 선행연구

존경은 사람에게 관심을 가지고 그 사람을 중요시함으로써 표시할 수 있다. 그러나 존경하는 데는 관심 이상의 무엇이 따라야 한다. 우리는 사람을 존경하기 위해 어떤 태도나 행동을 취하는데 이 태도와 행위는 그 사람에게 이타적이고 친절한 배려를 하고 있다는 것을 전달하기 위한 것이다(Dillon, 1992; Gibbard, 1990). 따라서 어른 존경은 관찰할 수 있고 기록할 수 있는 행동적인 표현이다.

앞 장에서 소개한 동아시아에서 행한 연구들이 어른 존경의 여러 가지 표현을 제시해 주었다. 도합 14가지의 존경 방식을 가려냈는데 이들은 모두가 어른에게 존경을 전하는 중요한 표현들이다. 이 방식들은 보살핌으로 하는 존경에서부터 조상에 대한 존경에 이르는 다양한 방식들의 세트를 이루고 있다. 이 자료를 참고로 하여 본 연구는 한국과 미국이라는 두 개의 상이한 문화적 맥락에서 젊은 사람들이 실천하는 어른 존경 방식을 비교 분석하였다.

어른 존경에 관한 선행 연구들은 많은 공헌을 했으나 각각의 존경 방식이 어느 정도로 실천이 되었고 또 어느 정도로 중요시되고 있는가에 대한 계량적인 자료를 제공하지 못했다. 게다가 이들은 비교 문화적 맥락에서 응답자들의 연령이나 세대와 관련된 존경 방식을 가려내지도 않았다.

| 비교 문화적 접근

두 비교집단들 — 한국의 대학생들과 미국의 대학생들 — 사이에는 인구사회학적 특성에서 뚜렷한 차이가 없었다. 그러나 한국 학생들은 효의 가치로부터 영향을 받아 어른 존경과 부모 부양을 중요시하는 사회에 살고 있으며, 미국 학생들은 이러한 문화적 영향을 받지 않는 사회에 살고 있다. 이러한 문화적 가치의 차이는 중국과 미국 사이의 차이, 즉 중국인은 노인을 자동적으로 존경하고 미국인은 존경하는 정도가 낮은 점을 지적한 Streib(1987)의 보고와 일맥상통하는 것이다. 게다가 본 조사의 대상이 된 한국 학생들의 65%가 그들의 부모와 함께 살고 있었으며 이와 대조적으로 미국 학생들은 불과 7%만이 부모와 동거하고 있었다. 이 자료는 두 사회 사이의 일반적인 문화적 차이를 반영하는 것이다.

서로 상이한 사회에 살고 있는 조사대상자를 선정한다는 것은 과연 이와 같이 다른 문화 속에 사는 사람들을 비교함으로써 뜻있는 결과를 얻을 수 있는가 하는 문제를 낳게 된다. Dogan과 Pelassy(1984)는 상이한 사회체계를 비교하는 데는 어떤 추상적 가치와 어떤 포괄적인 항목들을 동시에 사용해서 조사해야 할 것이라고 제안했다. 한편 Verba(1971)는 비교 문화적 연구에서는 비교 대상을 설명하는 세부 항목들의 의미하는 바가 두 비교집단들에 동일하게 사용되어야 할 필요가 있음을 지적했다. 이러한 점들을 감안하여 Streib(1987)는 그의 미국과 중국과의 비교 문화적 연구에서 추상적인 연구주제를 택해서 이에 대한 설명을 문화적인 가치와 이 가치의 하위항목들을 골라 제한적으로 설명하는 접근방법을 택하였다. 비교연구에서는 또한 비교대상을 matching(맞춤)하는 일이 매우 긴요하다(Rubin & Babbie, 2007). Matching을 함으로써 적어도 어느 정도의 두 집단의 문화적 차이에서 오는 영향을 통제 또는 감소하여 비슷한 상태를 이룰 수가 있다. 또한 비교연구에서 필수적 조건은 측도의 동일성을 확립하는 것이다(Schutt, 2009: measurement validity). 즉 어의적인 동일성(비교를 할 변수가 동일한 뜻을 가지는 것)과 측정기준의 동일성(분석 도구가 동일한 측정 단위를 갖는 것)을 성립시켜야만 한다(Liang & Jay, 1990).

| 연구방법

한국과 미국에서 행한 두 조사(survey)들은 연구주제가 동일하였다. 즉 어른 존경이다. 두 문화적 맥락에서 다 같이 어른 존경의 가치를 지적하는 포괄적인 행동 항목들(존경 방식들)을 조사하였다. 각각의 문화적 맥락에서 의도적으로 두 대학들을 선정해서 조사인구인 젊은 성인들을 선정했는데 한 대학은 도시에, 다른 대학은 시골에 있었다. 두 대학들은 다 같이 공인된 대학으로서 학부와 대학원을 갖추고 사회적, 경제적 및 종교적으로 다양한 학생들이 다니고 있었다.

한국 내의 조사

한국자료는 401명의 대학생들로부터 수집했는데, 서울 소재 대학에서 211명, 시골 소재 대학에서 190명을 각각 선발했다. 이 학생들은 사회과학 분야의 12개 학반들에서 청강하고 있었다(학반의 크기 = 12명~58명). 이 학반들은 무작위로 선출하였다. 이 학생들의 95%가 설문에 응답하였다.

미국 내의 조사

미국 표본은 501명으로 이루어졌다. 256명은 미국 중서부에 있는 대학에서, 245명은 미국 서부에 있는 대학에서 각각 선발되었다. 인종별로 보면, 71%가 백인, 12%가 흑인, 12%가 라티노(멕시칸계 미국인), 5%가 아시아계 미국인들이다. 서부에 있는 대학에는 라티노와 아시아계 학생들이 동부의 대학보다 더 많았다(24.6% 대 9.1%).

학생들은 무작위로 선발한 28개 사회과학 학반들에서 청강하고 있었다. 각 학반에서 약 85%의 학생들이 설문에 응답하였다.

한국과 미국의 대학생들은 다음과 같이 유사성을 가지고 있었다. 즉 첫째 연령이 비슷했고(한국인: 23.5세, 미국인: 23.1세), 성별(한국인: 남자 55%, 여자 45%, 미국인: 남자 51%, 여자 49%), 그리고 교육수준(한국: 4학년 44%, 대학원생 56%, 미국인: 4학년 48%, 대학원생 52%)이다. 조사도구(설문)와 측정도구(어른 존경 방식을 지적한 빈도와 이들 방식들에 주어진 중요성의 정도)를 사용하여 두 문화권에서 조사하였다. 두 조사에서 같은 설문을 사용했다.

다음과 같은 설문을 학생들에게 주어 응답을 구했다.

1. "학생이 평소에 어른을 존경하기 위해 가장 자주 하는 행위 또는 몸짓을 두 가지 이상 적어 주시오."

　　　　─────────────────────────────────

　　　　─────────────────────────────────

2. "학생이 적은 행위 또는 몸짓이 어느 정도로 중요하다고 보는
　 지 다음에 그 중요성의 정도를 지적해 주시오."

답: 존경의 행위 (두 가지 이상 기입)	중요성 정도 (하나만 지적)			
	매우 중요함	중요함	별로 중요치 않음	전혀 중요치 않음
─────────				
─────────				
─────────				

　위에서 첫 번째 질문은 응답자가 가장 자주 행하는 어른 존경의
방식을 식별하기 위한 것이고, 두 번째 질문은 각각의 어른 존경
방식을 중요시하는 정도를 파악하기 위한 것이다. 중요성의 정도는
4단위 척도(4 = 매우 중요함, 3 = 중요함, 2 = 별로 중요치 않음, 1 =
전혀 중요치 않음)에 기초한 것이다. 이에 인구학적 항목들이 부가
되었다. 이와 같이 단순한 설문을 작성하여 학생들이 교실에서 쉽
게 빨리 응답할 수 있게 하였다. 각 반의 강사는 설문에 응답하는
것은 학생 각자의 자유이고, 응답할 의사가 있는 사람은 무기명으
로 응답하도록 부탁하였다. 사전조사에서 문화적 맥락에 따라 응답
하는 방식이나 형태가 다르지 않다는 사실을 확인하였다.
　설문작성에는 관용어나 회화체의 표현을 사용치 않고 간단한 내
용으로 구성하였다. 설문을 번역하는 데 있어 '번역-역번역'의 절차

를 밟았다. 한국어와 영어를 다 같이 할 수 있는 조사자가 한국어로 먼저 설문을 작성하고 그 다음에 이 설문을 다른 이중언어 사용자가 영어로 번역을 하였다. 세 번째 이중언어 사용자가 이 영어판 설문을 한국어로 다시 번역하였다. 이들 세 가지의 설문을 상호 비교해서 한국어와 영어로 된 두 가지 설문들이 다 같이 문화적으로나 언어학적으로 동일하다는 사실을 확인하였다.

조사자료를 분석하는 데 임하여 저자는 노인문제연구에 경험이 있고 두 나라의 문화에 조예가 있는 두 사람의 보조연구자들의 지원을 받았다. 저자를 포함한 세 조사자들은 응답된 설문을 별도로 분석하였다. 세 사람이 각각 별도로(독립적으로) 존경의 표현들을 해석하고 구별한 결과를 교차 검정하였으며, 서로의 해석과 분류에 차이가 있을 경우에는 다수결에 의해서 조정을 했다. 이러한 절차를 밟아 존경의 표현을 구별하고 존경 방식을 규정해서 계산하였다. 이러한 절차를 밟은 이유는 신뢰성을 증대하고 동시에 타당성도 높일 수 있다고 보았기 때문이다.

| 분석과 결과

[한국자료]

한국 학생들이 어른 존경 방식들을 지적한 빈도와 이 방식들의 중요성을 평한 정도는 아래와 같다.

보살핌으로 하는 존경 방식이 가장 자주 지적되었다(62%의 응답자들이 지적함). 두 번째로 많이 지적된 방식은 순종으로 하는 존경이다. 다음으로 의논을 해서 하는 존경, 우선적으로 대접을 해서 하는 존경, 인사를 해서 하는 존경, 경어를 사용해서 하는 존경이 따랐다. 나머지 방식들은 소수의 응답자들이 지적했는데, 이들은 음식을 대접해서 하는 존경, 선물로 하는 존경, 외모를 갖추어 하는 존경, 일반 어른에 대한 존경, 축하를 해서 하는 존경, 윗자리를 제공해서 하는 존경, 조상에 대한 존경 및 장례를 통한 존경이다.

한편 중요성에서는 보살핌으로 하는 존경이 역시 가장 중요한 방식으로 나타났다(3.60 = 거의 매우 중요함). 다음으로 중요한 방식들은 의논으로 하는 존경, 순종으로 하는 존경, 경어를 사용해서 하는 존경, 인사를 해서 하는 존경, 우선적으로 대접해서 하는 존경 및 음식을 대접해서 하는 존경이다('매우 중요함'에서부터 '중요함'에 이르는 점수들임). 이 밖의 방식들 — 선물로 하는 존경, 외모를 갖추어 하는 존경, 일반 노인에 대한 존경, 축하를 해서 하는 존경, 윗자리를 제공해서 하는 존경, 조상에 대한 존경 및 장례를 통한 존경 — 은 대체로 '중요함'에서부터 '그대로 중요한 편'의 점수를 받았다.

14개 방식들 중에서 6가지 방식들(보살핌, 순종, 의논, 우선적 대접, 인사 및 경어 사용)은 응답자의 30% 또는 그 이상이 지적했으며 극히 중요하다는 평을 받은 방식들이다. 이들 여섯 방식들이 주요한 방식들로 뚜렷하게 나타났다. 즉 다른 방식들보다 더 자주 지적되었고 더 중요하다는 평을 받은 것이다. 그런데 이 방식들은 한국 편에서 더 자주, 더 중요하다고 지적되었다.

한국의 두 대학들에서 나온 조사결과가 어느 정도로 비슷한가를 파악하기 위해 응답자들을 두 개 집단으로 나누어 분석하였다. 지적빈도 면에서는 두 집단 사이에 통계상으로 차이가 나타나지 않았다. 그런데 중요성에서는 연령에 따라 순종으로 하는 존경 방식에서 차이가 나타나 나이가 많은 응답자들이 순종을 통한 존경을 더 중요시하는 것으로 시사되었다.

다음 여러 방식들의 저변에 잠겨 있는 차원을 식별해 보기 위해 한국 응답자가 제공한 중요성에 대한 자료를 요인분석 해 보았다. Eigen치가 1 이상인 요인이 셋이 나타났다. 첫 번째는 '인상적인 어른 존경', 두 번째는 '작업적인 어른 존경', 세 번째는 '문화적인 어른 존경'이라고 각각 이름 지었다. 이들 요인들이 총계 37%의 변량을 설명하고 있다. 따라서 한국 학생들의 존경 방식들은 세 가지 차원으로 구분됨이 통계분석 결과 시사되었다.

[미국자료]

미국 응답자들에서는 순종으로 하는 존경이 가장 자주 지적된 방식이다(50%가 지적함). 보살핌으로 하는 존경이 다음으로 가장 빈번히 지적되었다. 이에 뒤따라 경어로 하는 존경, 인사로 하는 존경, 의논을 해서 하는 존경 및 우선적으로 대접을 해서 하는 존경이 지적되었다. 나머지 방식들은 5% 또는 그 이하의 응답자들로부터 지적을 받았다.

한편 중요성에서는 보살핌으로 하는 존경이 가장 중요한 방식으로 평가되었고(3.67), 이어 의논, 순종, 인사, 경어 및 우선적 대접으로 하는 존경 방식들이 뒤따랐다. 보살핌으로 하는 존경, 순종으로 하는 존경 및 의논으로 하는 존경은 '매우 중요함'의 평가를 받은 셈이고, 인사, 경어 및 우선적 대접으로 하는 존경 방식들은 '매우 중요함' 내지 '중요함'의 평을 받았다. 나머지 여섯 방식들— 우선적 대접, 일반 노인 존경, 축하, 선물, 윗자리 및 음식대접을 통해서 하는 존경 — 은 중요하다고 평가는 되었지만 매우 소수의 미국인들이 이 방식들을 실천한 것으로 나타났다(그래서 이들 6개 방식들은 분석대상에서 제외하였다.). 이상의 지적빈도와 중요성 정도에 대한 분석에서 보살핌, 의논, 순종, 인사, 경어 및 우선적 대접으로 하는 존경 방식들이 주요한 방식으로 뚜렷이 나타났다. 즉 이들 방식들은 미국 응답자들이 가장 자주 지적하였고 또 가장 중요한 방식으로 판정한 것이다.

그런데 중서부의 미국학생들과 서부의 미국 학생들 사이에는 순종으로 하는 존경 방식에서 차이가 있었다. 서부의 학생들은 이 방식을 중서부의 학생들보다 더 자주 지적했다. 다음 중요성에서도 순종으로 하는 존경 방식에서만 두 집단 사이에 차이가 있었는데 중서부의 학생들이 이 방식을 약간 더 중요하다고 평가했다(3.49 대 3.35). 이러한 차이는 아마도 부모에 순종하는 경향이 짙은 라티노와 아시아계 미국인들이 서부에 더 많이 살고 있어 이 현상이 본 조사의 응답자 구성에 반영되었기 때문이라고 본다.

변량분석을 해 본 결과 연령집단과 성별로는 중요성 평가점수에서 별 통계적 차이가 없고 순종으로 하는 존경 방식의 중요성 점수에는 인종에 따라 통계적으로 유의한 차이가 나타났다. 즉 순종하는 방식에서도 역시 라티노와 아시아계 미국인들이 백인과 흑인보다도 더 중요성을 높이 평가한 것이다(3.71 대 3.54). 종합해서 보면, 대다수의 방식들에 주어진 중요성 점수는 두 집단들이 대체로 비슷하였다.

요인분석에서는 두 가지 요인이 발견되었다. 하나는 4개의 적재치를 가진 '인상적인 존경' 방식이고 다른 요인은 2개의 적재치를 가진 '작업적인 존경' 방식이다. 이들 두 요인은 위에서 기술한 한국인에 관한 자료에서 나온 3가지 요인들에서 문화적 요인을 제외한 2개의 요인들과 동일한 것이다.

존경 방식과 이들의 지적 항목들을 종합해서 보여주고 있다. 이들 가운데 몇몇 지적항목들은 두 문화에서 공통적으로 적용되지 못했다. 즉 한 문화적 맥락에서만 사용되는 것들이다. 존경 방식에서는 조상에 대한 존경이 그 예가 된다. 이 방식은 미국의 문화적 맥락에서는 실천되지 않았다. 그리고 지적항목들 가운데서는 보살핌, 순종, 의논, 우선적 대접, 인사, 경어사용, 음식대접, 외모를 갖춤 및 축하로 하는 존경 방식들에서 적어도 한 항목이 미국의 문화적 맥락에 적용되지 않았다. 또한 인사로 하는 존경에서 끌어안고 볼에 입을 맞추어 인사하는 항목은 한국적 문화에서 적용되지 않는 항목이다.

다음 항목들은 전적으로 한국적 맥락에서만 실행되는 것이다. 즉 동거하면서 어른을 보살핌(보살핌으로 하는 존경), 결혼에 대한 부모의 의견을 따르는 것(순종으로 하는 존경), 부모의 가치관이나 생활 스타일을 따르는 것(순종으로 하는 존경), 개인적 및 가족에 관한 의논을 하는 것(의논으로 하는 존경), 문 또는 방에 먼저 들어가도록 하고 자동차에 먼저 타도록 하는 것(우선적으로 대접하는 존경), 절을 해서 인사하는 것(인사로 하는 존경), 어른을 만나 이야기를 하거나 어른에게 편지를 할 때 존경하는 말을 사용하는 것(경어를 사용해서 하는 존경) 등이다.

| 논의

본 연구는 동아시아의 한국의 젊은 성인들과 비교하여 서양인 미국의 젊은 성인들이 어른을 존경하는 행동방식들에 대해 비교적 세밀하고 깊이 있게 탐사를 하였다. 이 결과로 다양한 존경 방식들과 이 존경 방식들을 지적하는 다수의 항목들을 가려내었다. 더욱이 개개 방식이 실천된 빈도와 이 방식에 주어진 중요성을 통계적으로 산정하였고 또 이러한 빈도와 중요성 정도가 두 문화권 사이에 어떠한 차이 또는 유사성이 있는가를 계량적으로 지적하였다. 선행연구들은 어른 존경에 관하여 이러한 계량적인 정보를 제공하지 못했다.

여섯 가지의 비교 문화적으로 통용되는 어른 존경 방식들의 유형과 한국에만 적용되는 방식들을 발견하였다. 이들 여러 가지 방식들을 통계 분석한 결과를 참고로 두 개 집단으로 묶어 보았다. 즉 작업적인 존경 행위(보살피고 봉사하는 것, 충고를 구하는 것, 음식을 대접하는 것)와 인상적인 존경 행위(언어로 표시하는 것, 인사하는 것, 예의를 갖추는 것, 순종하는 것 등)이다. 작업적인 방식들은 비공식적이고 개인적인 상황에서 더 많이 사용될 것이고 인상적인 방식들은 공식적이고 의식적인 상황에서 더 자주 사용된 것으로 본다.

[두 문화적 맥락들 사이의 차이점과 유사점]

어른 존경 방식들을 좀 더 세별해서 보면, 미국인들은 14개 방식들 가운데서 6개만을 뚜렷이 실천하였다. 그러나 4% 이하의 미국인들이 실천한 방식들을 모두 합한다면 이들이 지적한 방식들은 12개가 된다. 미국인들은 조상에 대한 존경과 장례를 통한 존경만을 지적하지 않은 것이다. 이 두 가지를 제외하면 두 비교집단들이 대체로 비슷한 숫자의 방식들이 지적된 셈이다. 이러한 결과는 어른 존경이 두 문화적 맥락에서 대체로 유사하게 표현되고 있음을 나타내는 것이다. 그러나 이 방식들을 사용한 빈도와 중요성의 정도에서는 차이가 나타났다.

특히 비교 문화적으로 공통되는 여섯 가지 방식들을 보아 어른을 존경하기 위해 표현되는 사람들의 행위는 동서양을 막론하고 비슷하다고 볼 수 있다. 즉 두 비교집단들 사이에 공통된 맥락이 엿보이는 것이다. 물론 한국인들이 더 많은 방식들을 더 뚜렷하게 또 다양하게 실천하였지만 미국인들도 이들 방식들의 대부분을 실천하였다. 다만, 그들은 몇 가지 방식들을 거의 실천하지 않은 데서 차이가 나타났다. 이 점은 평등주의적이고 비계층적인 그들의 문화적 특성을 반영하는 것으로 보인다. 우리는 이러한 차이점을 의식적으로 인증하고 이러한 변화에 대해서 오해를 하거나 무관심을 나타내지 않아야 하며, 오히려 이러한 차이가 사회적 및 문화적 경험의 차이에서 오는 것이라고 해석해야 할 것으로 본다. 대체로 보아 본 연구의 결과는 두 문화들 간의 차이점은 정도의 차이이며 결코 흑백의 문제가 아님을 시사하고 있다.

두 집단들이 다 같이 어른 존경의 가치를 받들고 있기는 하지만,

존경을 하는 범위와 사용하는 존경 방식들의 종류가 다른 것이 사실이다. 두 집단들이 존경 방식의 추상적인 수준에서는 동일한 뜻을 가지고 있으나 각 방식을 지적하는 세부 항목들에 있어서는 어느 정도의 차이가 엿보였다. 특히 한국의 문화적 맥락에서만 실시된 8개 방식들은 미국문화권에서는 강조되지 않았던 것이다.

한국인들에게서 나타난 존경의 표현은 다른 동아시아 나라에서 발견한 표현방식들과 비슷하거나 동일하였다. 선행연구들이 보고한 존경의 표현방식들은 본 연구에서도 되풀이해서 나타났다. 이와 같이 본 연구와 선행 연구들은 비등하거나 동일한 방식들을 식별해내어 동아시아인들의 어른 존경을 해석하고 이해하는 능력 내지 지식을 더 확대해 준 것이다.

그러나 선행연구에서 나타난 어른 존경의 정도와 본 연구에서 파악된 정도의 차이나 유사성에 대해서는 경험적인 자료가 없어 설명할 수가 없다. 왜냐하면, 선행연구들은 본 연구와는 달리 존경 방식을 지적한 빈도와 이 방식들에 주어진 중요성을 숫자적으로 계산해서 제시하지 않았기 때문이다.

두 문화적 맥락에서 '보살피는 존경'이 가장 뛰어난 존경 방식으로 나타났다는 것은 특기할 만한 사실이다. Dillon(1992) 그리고 Downie와 Telfer(1969) 같은 서양 학자들은 단순한 느낌으로가 아니라 실제적 행동으로 하는 존경은 보살피는 것과 상호 연관되어 있다고 규정하고 있다. 이들은 또한 보살피는 것은 존경의 한 가지 방식이라고 단정하였다. 이러한 점을 고려할 때 보살핌으로 하는 존경은 인간봉사 전문직에서 특별한 관심을 가져야 한다고 본다. 사람에 대한 봉사를 성공적으로 수행하기 위해서는 서비스 제공자가 클라이언트를 존경해야만 하기 때문이다. 따라서 존경이야말로 서비스를 시작할 때 꼭 실천해야만 하는 필수조건이다. 이와 같이 두 문화권에서 나타난 보살핌으로 하는 존경은 이들 서양 학자들이 주장한 보살핌과 존경이 연결되어 있다는 논리와 일치되는 것으로 볼 수 있다.

끝으로 미국인들에 관한 자료에서는 인종 사이에 약간의 변화가 엿보였다. 라티노와 아시아계 미국인들은 다른 인종집단들(백인과 흑인)보다도 어른에게 순종하는 정도가 높게 나타났다. 이 사실은 미국의 하위문화들 또는 인종들 사이의 다양성을 나타내고 있다. 다양성이라 함은 미국 사회는 아시아계와 다른 여러 하위종족을 포함하며 이들이 갖는 존경과 연관된 가치관이나 경험을 나누어 가질 가능성이 있음을 시사하는 것이다.

[**변하는 존경의 표현**]

앞서 지적을 하였지만 동아시아에서 어떤 존경 방식들은 서서히 변하고 있다. 예를 들어 어른이 말을 할 때 경청하는 것(듣는 것: 순종의 한 가지 항목)은 반드시 듣는 내용을 실행한다는 것은 아니지만, 존경의 한 방식으로 널리 사용되고 있다. 본 연구에서는 미국인들이 이 방식을 한국인들보다도 더 많이 지적하였다. 이 방식은 어른에게 복종하는 전통적인 방법을 수정한 것으로 보인다. 그러나 어른 지시에 따르는 것(순종으로 하는 존경의 한 가지 항목)은 한국과 미국 양쪽 응답자들이 모두 실천한 항목이다(한국 35%, 미국 29%). 어른과 의논하는 것은 상당히 널리 사용되고 있는 방식인데 이것은 세대 사이의 대화를 촉진하고 양 세대가 도움을 주고발을 수 있는 방법으로서 특히 한국 측에서 많이 사용하고 있다. 앞으로 젊은 사람들이 상호 교환적 세대관계에 더 많은 관심을 갖게 되면 이러한 방식들이 더 널리 사용될 것으로 보인다.

한국에서는 또 다른 눈에 띄는 변화가 일어나고 있다. 예를 들어 젊은 사람들은 몸을 굽혀 절을 하는 대신 상위자와 악수를 하거나 공손한 인사말을 하는 경우가 많아지고 있다. 그리고 근년에는 노인과 젊은이가 다 같이 상대방의 사생활과 자유를 존중하여 서로 별거하는 경우가 많아졌다. 이 점은 서양과 비슷하다. 생명이 연장되자 60세 탄생일 축하(회갑연)를 연기하는 예가 많아졌다. 조상숭배와 장례 방법도 수정되고 있다. 제사를 모시는 기간이 짧아지고 의식도 단순화되고 있다. 장례방법도 환경보호와 경제성을 감안하여 매장에서 화장 및 수목장으로 전환하는 경향을 보이고 있다. 한편, 친척이 아닌 일반 어른들을 위한 각종 서비스가 집단별로, 또 지역사회 주체로 상당히 널리 개발, 진행되고 있다.

앞으로 젊은 세대는 어른 존경 방식을 바꾸고 수정해 나갈 것으로 내다본다. 앞으로 노인문제 조사자가 생각할 과제는 젊은이들이 앞으로 어느 정도 어른 존경의 전통을 받들어 나갈 것인가의 문제이다.

[끈질긴 전통의 영향]

한국인들은 유교의 가르침으로부터 많은 영향을 받은 민족이다. 어른을 존경한다는 것은 효의 가르침의 기본적인 조건이다. 효는 부모로부터 받은 보살핌과 지원을 깨닫고 이 은덕을 연로해진 부모에게 갚아야 한다고 가르치는 것이다. 효의 전통은 한국인들의 가족체계와 사회구조에 깊이 뿌리박혀 있다. 가족체계에서는 부모와 다른 친척 어른을 존경하는 의무는 부모에 대한 책임, 은혜보답 및 부모에 대한 애정에 깊이 스며들어 있다. 한편 사회체계에서는 대인관계가 어른에 대해 순종과 충성을 요구하는 수직적인 구조를 갖추고 있다. 이러한 대인관계 속에서는 인상적인 존경의 표현 — 언어로 하는 존경, 인사로 하는 존경, 외모를 갖추어 하는 존경, 우선적으로 대접해서 하는 존경, 축하를 해서 하는 존경, 선물로 하는 존경 및 순종으로 하는 존경 — 이 서양에서보다 더 광범위하게 표시되며 관찰되고 있다. 많은 성인자녀들이 아직도 부모와 같이 살고 있으며 부모를 가까이에서 보살피고, 손끝으로 봉양하고, 식사 대접을 한다. 이러한 동거하는 주거형태에서는 부모와 떨어져 사는 경우와 달리 보살피는 존경을 실천하기가 편하다.

한국은 정부가 부모에게 효도한 사람들에게 상을 주면서 어른을 존경하도록 유도하고 있다. 어른을 존경한다는 것은 아직도 하나의 덕이요 사회적 가치로 존속하고 있다. 이와 같이 전통적 문화가 한국인의 생활에 영향을 미치고 있는 것이다.

어른을 보살피고 대접하는 관점에서 볼 때 동아시아 문화와 서양 문화 사이에는 역시 차이가 있는 것으로 보인다. 서양과 대조되는 하나의 현저한 사회적 현상은 동아시아인들이 일반적으로 아직도 어른을 존경하고 있다는 사실이다.

그러나 앞으로 증가하는 노령인구를 어느 시기에 이를 때까지 존경해 나갈 수 있을까?

아직 가족의 가치체계가 무너져 버렸다는 신빙할 만한 증거는 나오지 않았다. 그러나 가족의 노인부양능력은 감퇴되고 있다. 그렇지만 한국인들이 어른을 존경하고 있는 한, 미국인들에 비하여 노인을 보호하는 데 있어 더 유리한 위치를 확보할 수 있다고 본다. 즉 어른 존경의 가치는 가족부양체계에 부정적 영향을 끼치는 산업화 및 도시화로부터 오는 충격을 줄이고 중화하는 역할을 할 것으로 본다. 그리고 이 가치는 노인 존경이 중요함을 강조함으로써 자녀가 부모를 지원하는 데 대한 의무를 수행하도록 촉진하는 힘이 될 것으로 본다.

과거보다는 약화되었다고 하지만, 한국인의 문화적 전통의 영향은 계속해서 작용할 것으로 본다. 일찍이 Bendix(1967)는 다음과 같이 예언했다. "산업화된 국가들이 모두 비슷한 문제들에 봉착할 것이다. 그러나 나라마다 사회적, 문화적 및 이념적인 차이가 존속할 것이기 때문에 각 나라는 각기 이 문제들을 해결하기 위해 다른 대응책을 마련해 나갈 것으로 본다." 본 연구에서 얻은 결과는 한국인들은 어른을 부양하는 데 있어 서양 나라들과는 서로 다른 방식으로 해 나갈 수 있음을 시사한다.

끝으로 본 연구에서 나온 결과는 각각의 나라에서 의도적으로 선정한 대학들에서 부분적으로 무작위 추출한 표본들을 사용해서 얻은 것이다. 따라서 이 결과는 비교 문화적 맥락에서의 어른 존경에 대한 논의를 하는 데 있어 조심스레 적용되어야 하겠다. 장래 연구에서는 좀 더 대표성이 있는 표본을 사용해서 비교 문화적이며 장기적인 조사를 해서 어른 존경 방식들의 변화를 더 세밀히 분석하여 포괄적인 존경 방식의 유형을 개발할 수 있기를 바란다. 특정 문화에만 적용되는 존경 방식들이 무엇인가? 그리고 모든 문화에 맞는 방식들이 어떤 것인지를 계속 탐구해 나가야 하겠다. 그리고 앞으로의 연구에서는 한국과 미국 이외의 나라들도 포함시키고 대학생들 이외의 젊은 사람들에 대한 연구가 있어야 하겠다.

7장

효의 전통과 시대적 적응

이 책에 담겨 있는 어른 존경에 관한 자료는 현대 한국인의 부모에 대한 존경과 관련된 태도와 행위가 효 이념에 뿌리를 두고 있음을 보여주고 있다.

산업화와 도시화는 공공부문의 정치적 및 직업적 구조에 큰 영향을 미쳤으나 어른에 대한 존경과 같은 개인과 가족의 내면적 관습으로까지 그만한 영향을 끼치지는 못한 것으로 보인다.

효를 실천하는 중심인 가족을 보면 우리의 전통문화의 영향이 얼마나 끈질긴가를 알 수 있다. 가족이 서양의 가족과 같은 형태로 변한다고 하더라도 그것은 서구의 가족과 같지 않을 것으로 본다. 그 이유는 동아시아의 가족은 시발점이 다르고 변하는 정도가 다르기 때문이다. 사실 학자들이 지적했듯이 중국, 일본, 한국의 가족체계는 원래부터 서구의 것과는 다르다. 그리고 오늘날의 한국의 핵가족은 친족과의 관계로부터 완전히 격리되어 있지 않다. 대다수 가족들은 친족 간의 관계를 유지하고 있고 그렇게 하려고 노력하고 있다. 대부분의 핵가족들은 상호 의존적 친족체계로 이루어진

'상호 부조망' 안에 들어 있다. 그리하여 비록 부모의 핵가족과 자녀의 핵가족 간의 관계가 거리 및 접촉의 시각에서 느슨하게 보일지라도 상호 간의 지원관계는 대개의 경우 계속되고 있다. 이러한 관계는 어른을 존경하며 효를 실천하려는 가족원들의 노력 속에서 진행되고 있는 것이다.

이와 같은 노력은 부모를 위한 구체적인 보살핌과 지원, 다시 말해서 이 연구에서 정의한 어른에 대한 존경으로서 구현되고 있다.

우리는 부모를 보살피고 지원하는 무거운 과제를 수행해 나가는 데 있어 어른을 가족과 사회에 통합하는 힘이 되는 어른 존경의 이념과 관행을 유지해 가는 동시에 가족 내외의 변화에 적응하는 양면적인 접근을 취할 필요가 있다.

사회적 변화에 적응하면서 어른 존경을 실천해 나가기 위해서는 이 책에서 논의한 교호적인 부모자녀 관계, 가족을 위한 사회적 지원 등의 과제를 발전적으로 다루어 나가야 한다고 본다.

본 조사에서 어른을 존경하는 현황과 이를 표현하는 방식을 알기 위해서 각종 조사방법을 사용해 국내외에서 자료를 수집해서 분석하였다. 그리하여 어른 존경에 관해 지금까지 알려지지 않은 연구결과를 얻었다.

어른 존경의 개념은 복합적이어서 다양한 항목들로 설명될 수 있음이 나타났다. 보살핌과 서비스를 비롯해서 조상에 대한 존경에 이르는 여러 가지 방식들로 어른 존경이 표현되었다.

'보살피는 존경'이 어른 존경의 으뜸가는 표현으로 드러났다. 이 외에 어른의 지시에 순종해서 하는 존경, 어른과 의논을 해서 하는 존경, 어른을 먼저 대접해서 하는 존경, 인사를 해서 하는 존경, 경어를 사용해서 하는 존경, 음식을 대접해서 하는 존경 등 종합 14가지의 방식들이 식별되었다.

이 책의 목적은 우리 사회에서 실천되고 있는 어른 존경의 실태를 파악하고, 한국인의 어른 존경을 중심으로 한 효의 관행을 이해하고, 어른 존경을 하는 데 영향을 끼치는 가족 안팎의 상황적 요인들을 알아보고, 한국인 특유의 어른 존경 방식을 가려내고, 노인을 보살피고 지원하는 가족을 위한 사회적 지원의 필요성을 조사한 연구 결과들을 소개하는 데 있다.

다음에 위와 같은 목적과 관련하여 특히 재음미해야 할 사항들에 대해서 논의하고자 한다.

| 어른 존경 – 효의 표현

노부모와 노인을 보살피고 지원하는 일은 사회에 보편화되어 있는 가치에 따라 크게 좌우된다. 사회가 노인을 존경하는 가치를 가지고 있으면 그 사회가 노인에게 제공하는 서비스의 양과 질에 그러한 가치가 반영되는 것이다.

가치는 사람들의 태도와 행동의 도덕성을 판단하는 문화적 기준이다. 따라서 노인의 안녕과 복지를 계획하고 실천하는 데 사회적 가치는 매우 중요하다.

효는 이러한 영향력을 가진 우리 사회의 대표적 가치이며 어른 존경은 이 가치의 핵심적 내용이다.

| 효와 가족

효에 관한 이야기에서 많이 지적되는 것은 '가족'이다. 부모 부양이 가족을 중심으로 실천되기 때문이다. 효는 밀접히 짜인 가족 관계의 망 속에서 실천된다.

그러나 가족이 노부모를 보호 부양하기가 점점 어려워지고 있다. 사람들의 수명이 연장되고 출산율이 저하되고 가족성원의 수가 줄고 직장생활을 하는 여성이 많아지고 가족을 떠나 생활하는 자녀가 늘어나게 되어 노부모를 위한 가족의 지원은 어렵게 되어 가는 경향이다.

그러나 가족이 노부모와 노인을 위한 주된 보호 부양자로서 계속 남아 있다.

현대 한국인들의 가치 속에 가족주의적 성향이 깊이 뿌리박혀 있으며 특히 효의 의지가 이 성향의 바탕이 되고 있다. 핵가족화되고 있음에도 불구하고 이와 같이 전통적 가족주의가 생활 속 깊숙이 자리 잡고 있는 것이다.

그래서 가족이 노인에게 제공하는 서비스의 양은 국가가 제공하는 지원에 비해 훨씬 더 많다. 현실적으로 국가는 포괄적이고 효과적인 서비스를 제공할 수 있는 사회보장체계를 아직 못 갖추고 있어 상대적으로 가족이 기여하는 바가 큰 것이다. 앞으로 국가가 그러한 체계를 갖춘다 해도 가족이 하는 것과 같이 따뜻하고 정성 어린 보살핌과 부양을 제공하기가 힘들 것이다.

우리의 문화적 맥락에서는 가족이 제공하는 사적이고 비공식적인 서비스는 노부모를 위한 보호 부양—특히 장기적인 부양—을 위한 대표적인 수단으로 상당 기간 남아 있을 것으로 본다.

그러나 현대사회에서는 가족의 힘만으로 포괄적인 노인과 가족을 위한 복지를 이룩할 수 없다. 그래서 국가의 가족지원 서비스는 계속 개발되어 나가야 한다. 즉 개인적 서비스, 가사 돌보기, 세탁일, 교통, 식사제공, 숙박제공, 재정지원 등을 포함한 다양한 서비스들이 필요하다. 그리고 복지정책은 가족기능을 대리하는 방향이 아니라 이를 유지, 보완, 강화해 주는 방향을 잡아야 한다.

어느 나라의 사회보장체계이든 그 나라의 가족들이 스스로 자체를 보호하고 지원해 나가지 않고서는 유지되기가 어렵다. 모든 가족들을 지원하려면 막대한 재원이 필요하다. 이 때문에 모든 나라들의 정책수립자들과 사회복지전문가들은 가족의 중요성과 책임성을 강조하고 있다(Liu & Kendig, 2000; 정, 1999; Doty, 1986).

오늘날 노부모 부양의 원리인 효는 가족 안팎의 복잡한 상황적 요인들 때문에 어려워지고 있다. 그럼에도 불구하고 대다수의 가족들은 여전히 노부모가 필요로 하는 보호 부양 서비스를 제공하고 있다. 가족이 노인복지서비스의 원천이 되고 있는 것이다.

동아시아 문화권에 있는 우리가 명심해야 할 점은 효 문화의 전통이 없는 서양 사회에서도 가족이 병약한 노인의 주요 지원자로서 기능하고 있다는 사실이다.

효행과 다세대 동거의 한국적 관행은 노인을 위한 가족의 비공식적 지원을 더욱 강화해 준다. 한국인의 가족 중심적 부모 부양의 관행은 효 이념에 그 뿌리를 두고 있다. 많은 한국인들은 가족지원망을 통해 효 이념을 실현하고 있는 것이다. 한편 부모도 자녀들을 위해 그분들의 마음과 물질을 바치고 있다. 이와 같이 상호 교환적 관계가 부모와 자녀 사이에 진행되고 있다.

한국인들은 역사적으로 노부모와 자녀가 동거하면서 서로 의지하고 도와 나가며 생활하는 문화적 패턴을 선호해 왔다. 형편이 닿는 한 부모와 자녀의 동거형태를 좋든 싫든 수렴하였고 이러한 주거형태를 권장하는 방향으로 사회적 압력이 작용했던 것이다. 이러한 전통적 관행과 사회적 영향력은 산업화로 인한 사회변동에서 오는 충격을 중화 내지 해소하는 역할을 하는 것으로 보인다.

| 부모와 자녀 사이의 교호적 관계

일찍이 사회학자 Gouldner(1960)는 교호적 규범은 '주고받는' 원칙(the principle of give and take)에 바탕을 두는 것이며 이 규범은 사회체계의 안정을 구축하는 시멘트 역할을 하여 사회적 관계를 조절하고 화합시킨다고 했다.

교호적 규범에 의해서 조정되는 관계는 사람을 착취하는 관계가 아니다. 이 규범에는 시간적 차원이 개재되어 있는데 과거에 받은 도움을 시간이 지난 후 장래에 갚을 수 있게 하여 갚는 시간을 연장할 수 있게 된다. 교호적 관계에서는 제공한 도움과 받는 혜택을 엄격히 판단하고 비교하기가 어려워서 주고받는 것을 계산하거나 일정한 주고받는 행위를 요청하지 않는다. 따라서 누가 부채를 지고 누가 혜택을 더 주었는지 확실히 모른다. 이와 같이 동일한 교환을 하지 않아도 되고 시간적으로도 주고받는 데 한계가 없어 결과적으로 양편이 모두 상대방에게 신세를 지게 되어 장기적으로 상호 의존적인 관계를 유지하게 된다.

새천년에 들어서는 우리의 부모자녀 관계도 좀 더 위와 같은 교호적인 관계로 발전하는 것이 바람직하다고 본다.

그런데 이러한 교호적 관계에서는 무엇을 어느 정도로 상대방에게 해야 하는지에 대한 분명한 지침이 없기 때문에 자녀의 자유재량에 따른 행동으로 보살핌이나 지원을 제공하게 된다. 이 경우 오직 상대방에 대한 의무감과 책임감이 부모와 자녀 사이의 교호적 관계를 유지토록 하는 힘이 된다.

의무와 책임을 바탕으로 이루어지는 교호적 관계는 부모 부양에서 크게 도움이 될 수 있다. 부모는 과거에 자녀에게 커다란 지원을 했지만 노령이 되면 그렇게 할 힘이 없어진다. 이때에 과거에 부모로부터 혜택을 받은 자녀가 어려워진 부모를 지원하게 된다. 자녀가 의무감으로써 부모를 대할 경우에는 비록 과거에 부모로부터 받은 바가 적다 해도 교호적 지원관계가 이루어지고 이 관계가 지속될 수 있는 것이다.

한편 물질적 시원을 자녀에게 제공 못 한다 하여도 노부모는 자녀가 필요로 하는 충고, 위로, 격려, 정신적 지원을 오랜 세월 동안 쌓은 경험과 지식으로 제공할 수 있어 노령에 자녀로부터 받는 도움을 상당한 정도로 보상 내지 형평화할 수 있다.

위와 같은 바람직한 관계를 지속시키는 가장 중요한 요인은 부모자녀 간의 상대방에 대한 의무와 책임이라고 본다.

그런데 부모 부양을 하는 자녀에게는 여러 가지 어려움이 있을 수 있다. 연로한 부모를 부양하는 것은 자녀에게 정신적, 경제적 및 육체적 부담이 될 수 있다. 부모의 연령이 높아질수록 그 부담은 커진다. 그리하여 만성질환으로 와병 중인 부모를 간병하는 자녀의 경우 부모를 위해 희생하는 정도가 매우 높다.

흔히 부모자녀 사이에 오고 가는 도움의 양이 균등해야 한다고들 말한다. 그러나 엄격히 말해서 부모자녀 관계에서는 위에서 소개한 서양 학자들의 말대로 어떤 형태의 도움을 어느 정도로 주고 언제 이를 갚는다는 식의 교환조건이 정해져 있지 않다. 왜냐하면 자녀와 노부모와의 관계는 어느 문화적 맥락에서나 분명히 친밀성과 애정 그리고 의무감으로 엮어져 있는 상호관계이기 때문이다. 다만 동양문화권에서는 부모자녀 관계가 매우 상호 의존적이다. 이 점은 독립적 생활을 지향하는 서양문화와 대조적이다. 그리고 부모자녀 관계는 특수한 관계로서 서로 상대방에게 필요할 때 기꺼이 도움을 제공한다. 즉 서로가 지원을 해 주려는 의지를 항상 가지고 있는 것이다.

그렇지만 일단 노부모가 자기를 스스로 보살필 수 없게 되면 자녀가 부모 부양에 대한 책임을 진다는 것은 당연한 것으로 사회는 보고 있으며 이렇게 책임을 진다는 것은 우리의 문화적 맥락에서 하나의 무거운 규범으로 되어 있다. 여기에서 자녀의 노부모에 대한 책임이 중요한 변수로 떠오른다.

문화적 맥락에 차이가 있음에도 불구하고 일본과 미국의 노부모를 부양하는 여성들이 다 같이 노인부양은 가족의 책임이라고 응답한 사실은 인상 깊다(Campbell & Brody, 1985). 저자의 연구에서도 이와 같은 결과가 나왔다(Sung, 1994; 성, 2005). 즉 노부모를 부양하는 한국인들과 미국인들을 비교한 결과 부모 부양을 하는 첫째 이유로서 두 집단이 다 같이 부모에 대한 의무 내지 책임을 지적한 것이다. 책임감과 의무감을 가지고 자녀가 부모를 보호 부양하는 것을 우리는 효라고 보는 것이다.

노부모가 자녀로부터 일방적으로 지원을 받는 관계에서는 자녀에게 가해지는 부담이 클 수 있다. 자녀의 사정으로 부모 부양 부담을 전적으로 질 수 없을 경우에는 외부의 지원을 이용할 수 있어야 한다. 즉 가족과 친지로 이루어진 비공식 지원망과 사회 및 보건의료서비스 기관들로 이루어진 공식적 지원망을 활용해야 하는 것이다.

상당수의 자녀들은 호혜적인 관계 속에서 부모를 존경하고 있다. 자녀와 부모가 서로 보살피고 지원하면서 서로를 존중하는 것이다. 이런 교호적 관계는 이상적 관계라고 할 수 있다.

퇴계 선생이 논한 바와 같이 부모와 자녀가 서로 존중하는 것은 자(慈)와 孝의 두 가지 덕(德)을 실천함으로써 이룰 수가 있다. 자는 부모가 자녀에게 인자하게 베푸는 것이며 효는 자녀가 부모에게 효도하는 것이다. 이러한 '교호적 부모자녀 관계'가 바로 현대 한국인들이 발전적으로 재정립해야 할 가족관계라고 본다(신용하, 2004; 신섭중, 2002). 그런데 퇴계는 가족 중심의 효로부터 이웃 중심의 사회화로 범위를 확대하고자 향약(鄕約)을 입조(立條)해서 지역사회를 위한 구제사업의 길을 열었다(나병균,1985). 그리하여 가족은 물론 넓은 사회의 여러 사람들과도 상호 존중하면서 상호 지원하는 모형을 제시했다.

| 새 환경과 부모자녀 관계

어른 존경에 관한 자료는 세대가 달라지고 사회 환경이 변하지만 효의 이념과 관행은 지속됨을 시사하고 있다.

노인에 대한 젊은 세대들의 이해 부족, 무관심, 무지, 냉대, 멸시, 차별이 있다면 그 정도가 어느 정도로 심각한가? 젊은이들이 가질 수 있는 이런 문제는 그들의 노인에 대한 가치와 이념 여하에 따라 다를 수 있다.

노년학에서 논의되는 많은 문제들은 전통적 가치체계와 새로 출현하는 가치체계 사이에서 발생하는 긴장과 갈등과 관련된 것이다. 즉 젊은 세대와 고령 세대 사이의 차이와 관련된 과제들이다.

어른 존경에 대한 세대별 차이에 관한 자료는 희소하다. 앞으로 이런 자료를 시계열적으로 조사해서 축적해 나가야 하겠다.

어른 존경은 효의 원리에 따라 개개인이 실행하는 행동이기 때문에 개인이 처해 있는 가정적 및 사회적 여건 속에서 창의적으로 실행되어야 한다.

그런데 새 시대에는 효의 실천방법의 수정이 불가피하다. 전통사회에서는 효 이념을 실현하는 데 있어 강압적이고 규제적인 방편을 사용하는 폐습이 있었지만 현대사회에서는 그렇게 하기가 어려울 뿐만 아니라 그렇게 해서는 안 되게 되었다.

전통문화는 우리에게 획일적이고 권위주의적인 영향을 미쳐왔다. 그리하여 우리에게는 먹는 음식, 일상생활에서 취하는 행동, 사고방식이나 관념에까지도 고정된 것들을 순봉하는 경향이 있다. 따라서 부모에 대한 효행도 기왕에 했던 방식을 따라야 한다는 관념에서 벗어나지 못하고 있다.

우리가 살고 있는 이 시대는 흡수해야 할 새로운 지식이 많이 늘어나고 이를 익히기 위해 막대한 시간을 소비해야 하며 사회생활에 신속히 적응하기 위해 빠른 속도로 이동해야 할 필요성이 커지고 있다. 이러한 변화에 적응하지 않고서는 생존할 수 없는 도전적인 환경에서 우리는 살고 있다.

부모와 자녀 간의 관계를 개발하는 것은 세대 사이의 인간관계를 유지하는 새로운 방법과 절차를 찾는 것이다. 즉 부모를 자녀가 모시고 부모는 자녀를 지원하는 데 있어 효과적인 방법을 찾는 것이다.

한편 부모도 융통성과 관용을 가지고 자녀의 부양을 수렴할 자세를 갖추어야 하겠다.

부모와 자녀 양편은 주어진 환경적 조건에 비추어 서로 지원해야 할 범위 및 정도를 판단할 수 있어야 한다. 물론 각자의 행동에 대한 사회적 기대와 비판을 무시할 수는 없다. 성숙한 성인으로서 자기실현을 하는 방향으로 만족할 만한 부모와 자기와의 관계를 개발해 가는 것이 바람직하다.

| 공적 서비스의 필요

본 조사에서 판명된 바와 같이 한국가족은 노부모를 부양할 의지를 가지고 있으며 실제로 이를 실행하고 있다. 그러나 불리한 생활조건하에 살면서 노부모를 부양하는 가족들은 부모를 부양하는 과정에서 많은 희생과 고통을 겪고 있다.

노인복지사업은 가족이 스스로 노부모를 보호 부양하는 책임을 감당할 때 운영될 수 있다. 사실 국가의 사회복지정책은 가족이 이러한 자체유지기능을 한다는 전제하에 꾸며지고 있다. 그러나 현대 산업사회에서 사회구조적이거나 시장경제적인 이유로 가족은 흔히 자체의 능력만으로는 이 기능을 감당하지 못한다. 그리고 가족은 부양에 관한 전문적 지식과 서비스를 갖지 못한다. 따라서 어려움에 처한 가족에게 국가사회는 정보와 지원서비스를 제공해 주어야 한다.

| 비교 문화적 시각

한국인은 미국인보다도 어른 존경을 더 중요시한다. 그러나 두 문화 사이에는 공통적인 어른 존경 방법과 각 문화 특유의 어른 존경 방법이 있다.

어른 존경은 도덕적인 교호성을 반영한다. 전술한 바와 같이 퇴계가 강조한 부모와 자녀 간의 교호적 의무가 여기에도 적용되는 것이다. 부모자녀 관계는 양자의 권리, 의무 그리고 욕구가 다 같이 존중받는 교호적 관계로 발전되어야 한다. 자녀가 부모를 보호 부양하고 부모가 자녀를 동정하며 딱하게 여겨 보살피는 것은 부모자녀 사이에서 자연적으로 나타나는 현상이며 이는 곧 인륜(人倫)의 발로이다.

효의 문화는 개인주의적 생활양식을 지향하고 젊음을 선호하며 광활한 대지를 이동하는 미국인의 문화와는 대조적이다. 미국에 비하여 국토가 좁은 한국에서는 물리적 이동보다는 노인과 자녀 간의 상호 의존을 더 선호한다. 가족주의의 영향을 받는 한국인은 가족원들 간에 친밀한 정서적 관계를 유지한다. 이러한 관계망 속에서 한국인은 효라는 전통적 이념을 실천에 옮긴다. 미국인의 경우는 Streib가 지적한 바와 같이 노인에 대한 자발적 존경을 하는 경우가 드물다. 한국에서는 어른 존경의 전통적 관행을 권장하기 위하여 경로운동, 노인복지사업, 효행상 등 제도를 설정하여 민간과 정부가 협동하여 노력하고 있다. 이와 같은 사회공학적 노력의 기저를 이루는 것은 역시 효의 가치이다.

한국은 산업화에 따른 사회적 변동과 문화적 전통 사이의 역동적 상호작용으로부터 영향을 받고 있다. 이 상호작용이 노인의 지위와 복지에 앞으로 어떠한 영향을 가할 것인가가 우리의 관심사이다. 세대 간의 갈등을 해소하기 위해서는 세대관계를 보다 발전적 방향으로 변화시켜 나가야 할 것이다. 이러한 변화는 권위주의적이고 가부장적 관계에서부터 평등주의적이고 상호 존중하고 지원하는 교호적 관계로 옮김으로써 이룩할 수 있을 것이다.

| 연구를 위한 과제

다음을 포함한 어른 존경과 관련된 과제들에 대한 연구가 뒤따라야 하겠다.

어른 존경이 부모 부양서비스의 질과 양 그리고 지속성에 미치는 영향에 대한 체계적인 분석이 있어야 하겠다.

자녀와 젊은 사람의 개인적 및 환경적 요인들이 어른 존경에 어떠한 영향을 미치는지 그 역동적인 작용 상황을 분석할 필요가 있다.

교호적 관계를 바탕으로 이루어지는 어른 존경을 사회심리적인 분석을 통해 사례별로 정리해 나가는 작업도 필요하다. 이런 작업을 통해서 누구나 실천할 수 있는 어른 존경의 상을 정립할 수 있어야 하겠다.

어른 존경을 실천하기 어려운 사태가 발생할 경우 이로 인한 자녀의 긴장과 스트레스를 극복하는 문제를 가족의 구조와 노부모의 특성에 따라 분석해 볼 필요도 있다.

어른 존경에 대한 비교 문화적 연구가 활발히 진행되어야 하겠다. 비교 문화적 연구를 통해 특정한 과제에 대한 다른 나라의 장점과 단점을 파악하여 필요한 것을 도입하고 단점을 우리 사회에서 반복하지 않도록 해야 하겠다.

참고문헌

[국내문헌]

권중돈, 노인학대에 영향을 미치는 요인, 한국노년학, 24(1), 1 – 19.
김미해, 권금주, 2008, 며느리의 노인학대 과정에 관한 연구. 한국노년
　　　학, 28(3), 403 – 424.
김익기, 김동배, 모선희, 박경숙, 원영희, 이연숙, 조성남, 1999. 한국노
　　　인의 삶. 미래인력연구회.
김태현, 1994, 노년학, 교문사.
김한곤, 1998, 노인학대의 인지도와 노인학대의 실태에 관한 연구, 한
　　　국노년학, 18, 184 – 197.
김한초, 한남제, 최성재, 유인희, 1986, 한국가족의 표준모형개발. 한국
　　　정신문화연국원, pp.10 – 35.
나병균, 1985, 향약과 사회보장의 관계, 사회복지학회지, 제7호, 21 – 50.
논어(論語), 1997, 이기석, 한백우(역해)(1997). 이가원(감수), 홍신문화사.
박재간, 1998, 전통적 효사상과 그 현대적 의의, 전통윤리의 현대적 조
　　　명. 한국정신문화연구원.
박영란, 2000, 효관련 연구의 현황과 과제, 현대사회와 효의 실천방안,
　　　한국노인문제연구소.
박영란, 1988, 노인의 사회적 지원망에 관한 연구, 사회복지, 34(4).
박일봉, 1989, 효경(孝經), 육문사.
보건복지부, 2007, 노인학대상담사업 현황보고서.
성규탁, 1995, 새시대의 효, 연세대학교출판부.
성규탁, 1998, 현대한국인이 인식하는 효: 척도와 차원, 한국노년학, 14,
　　　1, 50 – 68.
성규탁, 2001, 어른존경에 대한 탐험적 연구, 한국노년학, 21, 2, 125 – 139.
성규탁, 2006, 현대한국인의 효, 집문당. [한국학술원선정우수학술도서]
송복, 1999, 동양적 가치란 무엇인가? 서울: 미래인력연구소

신용하, 2004, 21세기한국사회와 공동체문화, 지식산업사.

신용하, 2000, 한국민족의 형성과 민족사회학, 지식산업사.

신용하,장경섭, 1996, 21세기 한국의 가족과 공동체 문화, 집문당.

신섭중, 2002, 한국의 고령자를 위한 상호부조의 과제. 제44회 일본노
년사회과학대회심포짐발표논문. 노년사회과학, 6월호.

예기(禮記), 1993, 권오준(역해), 홍신문화사.

왕웬양 王文亮, 2001, 中國之 高齡者社會保障, 日本東京: 白帝社.

유승국, 1995, 효와 인류사회. 효사상과 미래사회. 한국정신문화연구소.
pp.1 – 16. [효사상 국제학술회의 기조연설].

유승호, 모선희, 김형수, 윤경아, 2000, 노인복지론, 아시아미디아리서치.

윤가현, 1998, 노인성 치매환자가 지각하는 심리적 부담 및 부양의무감
의 비교문화적 연구. 한국노년학, 18(1), 75 – 90.

이광규, 1990, 한국가족의 구조분석, 일지사.

이인수, 이용한, 2000, 노인학대 인식도의 한미간 비교에 관한 연구. 노
인복지연구. 겨울호, 165 – 182.

이혜자, 박경애, 2009, 농촌노인의 가족관계망 유형과 생활만족도, 한국
노년학, 29(1), 291 – 307.

정경배, 1999, 21세기 노인복지정책 방향. 노인복지정책연구. 한국노인
문제연구소. 99 – 02, 7 – 48.

정순목, 1990, 퇴계의 교육철학: 교육인간적 고찰, 지식산업사. pp.205 –
222.

조애리, 김승원, 김유경, 1999, 부모학대 실태에 관한 사례연구, 한국보
건사회연구원.

중용(中庸). 2000(대학, 중용), 이가원 감수. 홍신문화사.

지교헌, 1995, 가정의 윤리적 특성과 사회. 교육적 기능, 447 – 478, 동
양철학과.

최성재, 1989, 경로효친사상과 노인복지. 한국사회복지학, 13, 1 – 25.

최재석, 1994, 한국가족연구, 일지사.

최정혜, 1998, 기혼자녀의 효의식, 가족주의 및 부모 부양의식, 한국노
년학, 18, 2.

한남재, 1997, 한국가족제도의 변화, 일지사.

한동희, 2002, 노인학대의 의미와 사회적 개입에 대한 노인들의 인식연구, 한국사회복지학, 50, 193 – 208.

황진수, 1995, 한국노인의 복지행정의 전달체계, 박재간 외편, 고령사회의 위기와 도전, 463 – 488.

효경(孝經), 1989, 박일봉(편역), 육문사.

[외국문헌]

Aquinas, T. (1981). *Summa Theologica*. Westminster, MD: Christian Classics. Question 106, Article 5.

Bendix R. (1967). Preconditions of development, (In) *Aspects of social change in modern Japan*, (Ed.), R. Dore. Pinceton University Press.

Blackstone, A. (1856).*Commentaries on Law of England*, Vol. 1.Philadelphia, PA: Lippincott. Bk. 1, Ch. 8, Sec.1.

Campbell, R., & Brody, E. M. (1985). Women's changing roles and help to the elderly. *The Gerontologist*, 25, 584 – 592.

Chipperfield, J. G., & Havens, B. (1992). A longitudinal analysis of perceived respect among elders. *Canadian Journal on Aging*, 11, 15 – 30.

Choi, S. J. (1999). *A comparative study on long – term care for the elderly in Korea and Japan*. Department of Social Welfare, Seoul National University, Feb. 27.

Choi, S. J. (1996). The family and ageing in Korea: A new concern and challenge. *Ageing and Society*, 16, 1 - 25.

Chow, N. (1997). *The policy implications of the changing role and status of the elderly in Hong Kong*. Paper presented at The 16th Congress of The International Association of Gerontology, August 17.

Chow, N. (1995). *Filial piety in Asian Chinese communities*. Paper presented at 5th Asia/Oceania Regional Congress of Gerontology, Honk Kong, 20 November.

Chow, N. (1991). Does filial piety exist under Chinese communism?

Journal of Aging and Social Policy, 3, 207 – 225.

Chow, N. 2009. Filial piety in Asian Chinese communities. (In) *Respect for the elderly: Implications for human service providers*. Lanham, MD: University Press of America. pp.319 – 323.

Connidis, I. A. (1989). *Family ties and aging*. Toronto, Butterworth.

Cox, H. G. (1990). Roles for aged individuals in post – industrial societies. *Internat'l Journal of Aging and Human Development*, 30, 55 – 62.

de Bary, W. T., & Bloom, I. (1999). *Sources of Chinese Tradition*. 2nd Ed. Chap. 15. Columbia University Press.

De Vos(1988). Confucian family socialization. (In) D. J. Okimoto, & T. I. Rohlen, (Eds.), *Inside the Japanese system*. Stanford: Stanford University Press.

Dillon, R. S. (1992). Respect and care: Toward moral integration. *Canadian Journal of Philosophy*, 22, 105 – 132.

Dogan, M., & Pelassy, D. (1984). *How to compare nations*. Chatham, NJ: Chatham House.

Doty, P. (1986).Family care of the elderly: The role of public policy. *The Milbunk Quarterly*, 64, 34 – 75.

Downie, R. S., & Telfer, E. (1969). *Respect for persons*. London: Allen and Unwin.

Du, P. (2009). *New look at family support in China: Changing ways of practicing filial piety*. Paper presented at Symposium on New Look at Filial Piety in East Asia, The 19th World Congress of Gerontology, Paris, France, July 7.

Elliott, K. S., & Campbell, R. (1993). Changing ideas about family care for the elderly in Japan. *Journal of Cross – Cultural Gerontology*, 8, 119 – 135.

Gambrill, E. (1983). *Casework: A competence – based approach*. Englewood Cliffs: Prentice – Hall.

Ghusn, H. M., Hyde, D., Stevens, E. S., Hyde, M., and Teasdale, T. A. (1996). Enhancing life satisfaction in later life. *Journal of*

Gerontological Social Work, 26, 27 – 47.

Gibbard, A. (1990). *Wise choices, apt feelings*. Harvard University Press.

Goldstein, M. C., & Ku, Y. (1993). Income and family support among rural elderly in Jheziang Province, China. *Journal of Cross – Cultural Gerontology*, 8, 197 – 223.

Gouldner, A. (1960). The norm of reciprocity: A preliminary statement. *American Sociological Review*, 25, 161 – 178.

Harper, S. (1992). Caring for China's ageing population. *Ageing and Society*, 12, 157 – 184.

Holmes E. R., & Holmes, L. D. (1995). *Other cultures, elder years*. Thousand Oak, CA: Sage.

Ikels, C. (Ed.)(2004). Filial piety: Practice and discourse in contemporary East Asia. Stanford University Press.

Ingersoll – Dayton, B., & Sangtienchai, C. (1999). Respect for the elderly in Asia: Stability and change. *Internat'l Journal of Aging and Human Development*, 48, 113 – 130.

Kant, I. (1964). Gregor, M. J. (Trans.). Doctrine of right: *The Metaphysicas of Morals*, Ⅱ. New York: Harper. 123.

Kim, K. C., & Kim, S. (1991). Filial piety and intergenerat'l relationship in Korean immigrants families. *Internat'l Journal of Aging and Human Development*, 33, 233 – 245.

Kong, D. C. (1995). The essence of filial piety. In *Filial Piety and Future Society*, 127 – 137. Gyeonggido, Korea: The Academy of Korean Studies.

Koyano, W. (1996). Filial piety and intergenerational solidairity in Japan. *Australian Journal of Ageing*, 15, 51 – 56.

Kwan, A. Y. (1995). Elder abuse in Hong Kong. *Journal of Elder Abuse and Neglect*, 6, 65 – 80.

Leininger, M. (1990).Culture. In M. Leininger(Ed.), *Ethical and moral dimension of care*. Wayne State University Press.

Leung, J. C. B. (1997). Family support for the elderly in China. *Journal* of *Aging and Social Policy*, 9, 87 – 101.

Levy, B. R. (1999). The inner self of the Japanese elderly. *Internat'l Journal of Aging and Human Development*, 48, 131 – 144.

Liang, J., & Jay, G. M. (1990). *Cross –cultural comparative research on aging and health*. Institute of Gerontology, University of Michigan, Ann Arbor, MI.

Liu, W. T. (1986). Culture and social support. *Research on Aging*, 8, 57 – 83.

Liu, W. T., & Kendig, H. (2000). *Who should care for the elderly? An East –West value divide*. Singapore: Singapore University Press.

Mehta, K. (1997). Respect redefined: Focus group insights from Singapore. *Internat'l Journal of Aging and Human Development*, 44, 205 – 219.

Meyer, J. F. (1988). Moral education in Taiwan. *Comparative Education Review*, 32, 20 – 38.

Noelker, L. S., & Harel, Z. 2001. Humanizing long – term care: In *Linking Quality of Long –term Care and Quality of Life*. New York: Springer.

Palmore, E. B., & Maeda, D. (1985). *The Honorable elders revisited*. Duke University Press.

Pedersen, P. B. (1983). Asian personality theory(537 – 582). In R. J. Corsica & A. J. Marsella(Eds.), *Personality theories, research, and assessment*. Itasca, IL: Peacock.

Pillemer, K. A., & Finkelhor, D. (1988). The prevalence of elder abuse. *The Gerontologist*, 28, 51 – 57.

Post, S. G. (1989). Filial morality in an aging society. *Journal of Religion and Aging*, 5, 15 – 29.

Qureshi, H., & Walker, A. (1989). *The caring relationship: Elderly people and their families*. New Yrok: Macmillan.

Rubin, A., & Babbie, E.(2007). Research Methods for Social Work. Belmont, CA: Wadsworth.

Schutt, R. K. (2009). *Investigating social world: Process & practice of research*.

Thousand Oaks, CA: Pine Forge Press.

Silverman, P., & Maxwell, R. (1978). How do I respect thee? Let me count the ways. *Behavior Science Research*, 13, 91.

Singapore Ministry of Community Develop't(1996). *Report of Sorensen, C., & Kim, S. C. (2004). Filial piety in contemporary urban Southeast Korea: Practices and discourses. In Filial Piety, Ikels, C. (Ed.). Stanford: Stanford University Press. the advisory council on the aged*. Singapore: The Author.

Streib, G. F. (1987). Old age in sociocultural context: China and the U. S. *Journal of Aging Studies*, 7, 95 – 112.

Sung, K. T. (1990). A new look at filial piety. *The Gerontologist*, 30, 615 – 617.

Sung, K. T. (1995). Measures and dimensions of filial piety in Korea. *The Gerontologist*, 35, 240 – 247.

Sung, K. T. (1997). Filial piety in modern times. In *Aging Beyond 2000: One World One Future – The Thematic Keynote Highlights*, G. R. Andrews(Ed.). 1997 World Congress of Gerontology, Adelaide, Australia.

Sung, K. T. (1998). An exploration of actions of filial piety. Journal of Aging Studies, 12, 369 – 386.

Sung, K. T. (1999). *Ideals and practices of family support: Cross – cultural Perspectives*. Keynote Speech, Asia/Oceania Regional Congress of Gerontology, Seoul, June 7 – 11.

Sung, K. T. (2001). Elder respect: Exploration of ideals and practicing forms. *Journal of Aging Studies*, 15, 13 – 27.

Sung, K. T., & Dunkle, R. E. 2009. How social workers demonstrate respect for elderly clients. *Journal of Gerontological Social Work*, 52(3), 250 – 260.

Sung, K. T., & Kim, H. S. (2003). Elder respect among young adults: Exploration of behavioral forms in Korea. *Ageing International*, 28, 279 – 294.

Sung, K. T. (2004). Elder respect among young adults: A cross－cultural study of Americans and Koreans. *Journal of Aging Studies*, 18(2). 215－230.

Sung, K. T. (2007). Respect for the elderly: The East Asian Way. Lanham, MD: University Press of America.

Sung, K. T. (2009). Respect for the elderly: Implications for human service providers. Lanham, MD: University Press of America.

Takahashi, S. (1995). Historical transition of filial piety and its modern transformation. In *Filial piety and future society*, 103－115. Gyeonggido, Korea: The Academy of Korean Studies.

Tang, W., & Parish, W. L. (2000). Chinese urban life under reform: The changing social contract. Cambridge University Press.

Tomita, S. (1994). Consideration of cultural factors in the research of elder mistreatment with an in－depth look at the Japanese. *Journal of Cross－Cultural Gerontology*, 9, 39－52.

Verba, S. (1971). Cross－cultural survey research: The problem of credibility. In Vallier, I. (ed.), *Comparative methods in sociology*. University of California Press.

Xie, X, Defrain, J., Meredith, W., & Combs, R. (1996). Family strengths in the People's Republic of China. *Internat'l Journal of Sociology of the Family*, 26, 17－27.

Yoon, H. S., & Cha, H. B. (1999). Future issues for family care of the elderly in Korea. *Hallym International Journal of Aging*, 1(1), 78－86.

찾아보기

성규탁(成圭鐸) --

[sung.kyutaik@gmail.com]

▌약 력

충북 청주중고등학교 졸업
서울대학교 문리과대학 및 대학원 졸업
미국 미시간대학교(앤아바) 사회사업학 석사
미국 미시간대학교(앤아바) 사회사업학 및 정치학 박사
(전) 미국 위스콘신대학교(매디슨) 사회사업대학원 교수
연세대학교 사회과학대학 사회복지학과 교수(초대학과장)
연세대학교 사회복지연구소 초대소장
미국 시카고대학교 Fellow(동아시아가족연구)
미국 미시간주립대학교 사회사업대학원 교수
미국 남가주대학교 사회사업대학원 석좌교수
미국 미시간대학교 사회사업대학원 초빙교수
Elder - Respect, Inc.[www.elder-respect.org] 대표
효문화연구소 소장
(전) 한국사회복지학회 회장, 한국노년학회 회장,

▌저 서

국내

『새 時代의 효』, 연세대학교출판부(연세대학술상 수상)
『새 시대의 효 Ⅰ』, 문음사(아산효행상 수상)
『새 시대의 효 Ⅱ』, 문음사(문화공보부 추천도서)
『새 시대의 효 Ⅲ』, 문음사
『현대 한국인의 효』, 집문당(학술원선정 우수학술도서)
『사회복지행정론』, 법문사
『사회복지조직론』, 박영사
『산업복지론』, 박영사 외 다수

국외

Care and respect for the elderly in Korea: Filial piety
    in modern times in East Asia. Seoul: Jimoondang, 2005.
Respect and care for the elderly: The East Asian Way
    Lanham, MD: University Press of America, 2007.
Respect for the elderly: Implications for human service
    providers. Lanham, MD: University Press of America, 2009.
Advancing social welfare of Korea: Challenges and ways.
    Seoul: Jimoondang, 2010.

▌논 문

국내

한국노년학
사회복지학회지
사회복지
한국정신문화연구원논총
한림과학연구원 등에 100여 편 발표

국외

The Gerontologist
Journal of Aging Studies
International Journal of Aging and Human Development
Journal of Gerontological Social Work
Journal of Social Service Research
Administration in Social Work 등에 65편 발표

한국인의 효

███ 새 시대의 어른존경

초판인쇄 | 2010년 1월 5일
초판발행 | 2010년 1월 5일

지은이 | 성규탁
펴낸이 | 채종준
펴낸곳 | 한국학술정보㈜
주　소 | 경기도 파주시 교하읍 문발리 파주출판문화정보산업단지 513-5
전　화 | 031) 908-3181(대표)
팩　스 | 031) 908-3189
홈페이지 | http://www.kstudy.com
E-mail | 출판사업부　publish@kstudy.com
등　록 | 제일산-115호(2000. 6. 19)

ISBN　978-89-268-0501-5　14190 (Paper Book)
　　　　978-89-268-0502-2　18190 (e-Book)
　　　　978-89-268-0728-6　14190 (Paper Book set)
　　　　978-89-268-0729-3　18190 (e-Book set)

이답
📖 는 한국학술정보(주)의 지식실용서 브랜드입니다.